Meal Prep

*La guía para principiantes a 70+ recetas
Keto rápidas, fáciles y bajas en calorias para
quemar grasa y perder peso rápido*

Meal Prep

Copyright 2020 by Mark Evans - Todos los derechos reservados.

El siguiente libro se reproduce con el objetivo de proporcionar información lo más precisa y fiable posible. Independientemente de ello, la compra de este libro puede considerarse como un consentimiento al hecho de que tanto el editor como el autor de este libro no son de ninguna manera expertos en los temas que se discuten en él, y que cualquier recomendación o sugerencia que se haga en el presente documento es sólo para fines de entretenimiento. Se debe consultar a los profesionales según sea necesario antes de emprender cualquiera de las acciones aquí aprobadas.

Esta declaración es considerada justa y válida tanto por la Asociación Americana de Abogados como por el Comité de la Asociación de Editores y es legalmente vinculante en todos los Estados Unidos.

Además, la transmisión, duplicación o reproducción de cualquiera de los siguientes trabajos, incluida la información precisa, se considerará un acto ilegal, independientemente de que se realice por vía electrónica o impresa. La legalidad se extiende a la creación de una copia secundaria o terciaria de la obra o de una copia grabada y sólo se permite con el consentimiento expreso por escrito del Editor. Todos los derechos adicionales están reservados.

La información de las siguientes páginas se considera en general como un relato veraz y preciso de los hechos, y como tal, cualquier falta de atención, uso o uso indebido de la información en cuestión por parte del lector hará que las acciones resultantes queden exclusivamente bajo su responsabilidad. No hay escenarios en los que el editor o el autor original de este trabajo pueda ser considerado de alguna manera responsable por cualquier dificultad o daño que les pueda ocurrir después de haber tomado la información aquí descrita.

Además, la información que se encuentra en las siguientes páginas está destinada únicamente a fines informativos y, por lo tanto, debe considerarse universal. Como corresponde a su naturaleza, la información presentada no garantiza su validez ni su calidad provisional. Las marcas registradas que se mencionan se hacen sin consentimiento por escrito y de ninguna manera pueden ser consideradas como un endoso del titular de la marca registrada.

Mark Evans

Tabla de Contenidos

Introducción 1

Capítulo 1 - Los fundamentos y beneficios de la preparación de comidas al estilo Keto baja en carohidratos 3

Cómo preparar las comidas de la manera correcta 4

Errores Comunes en la Preparación de Alimentos 7

Capítulo 2 - Plan de 30 días de comidas de la dieta cetogénica bajas en carbohidratos 11

Capítulo 3 - Meal Prep: recetas para el desayuno al estilo keto de 42

Receta #1: Panqueques salados con queso cheddar 42

Receta #2: Chía, canela, vainilla, y granola 45

Receta #3: Desayuno con hamburguesas de queso, salchichas y portobello 48

Receta #4: Queso quiche al estilo keto 51

Receta #5: Bollos de arándano para el desayuno 55

Receta #6: Mantecado de canela y coco 58

Receta #7: Huevos escoceses 60

Receta #8: Tacos para el desayuno 63

Receta #9: Muffins de tocino y ricotta para el desayuno 66

Receta #10: Mini waffles al estilo keto 69

Receta #11: Huevos al horno con hierbas 72

Receta #12: Pan al estilo keto con mantequilla de canela 75

Capítulo 4 - Meal Prep: recetas para el almuerzo al estilo keto 78

Receta #1: Albondigas de carne con salsa al estilo asiático 78

Receta #2: Pollo al curry con maní tostado 81

Receta #3: Nuggets de pollo a la parmesana al horno en salsa marinara de mozzarella 84

Receta #4: Lasaña de carne de res con calabacín 87

Receta #5: Brochetas de pollo con pimiento morrón 91

Receta #6: Camarones a la parrilla con ensalada de aguacate, tomate y cebolla............................ 95

Receta #7: Ensalada de atún al estilo mediterráneo.. 98

Receta #8: Macarrones cremosos de cauli y queso 101

Receta #9: Lomo de cerdo con hierbas balsámicas 104

Receta #10: Spaghetti con albóndigas a las finas hierbas al estilo keto 107

Receta #11: Ensalada primavera con sardina .. 111

Receta #12: Dedos de pollo a la parmesana con finas hierbas..114

Receta #13: Ensalada de jamón, cebolla y judías verdes... 117

Receta #14: Hamburguesas de Aguacate con Queso 119

Receta #15: Salchicha con queso, champiñones y espaguetis con cazuela de calabaza 121

Capítulo 5 - Meal Prep: recetas para la cena al estilo keto... 125

Receta #1: Huevos endiablados con tocino picado 125

Receta #2: Ensalada caesar al estilo keto 129

Receta #3: Queso frito con cuñas de aguacate 131

Receta #4: Beef simple con chile 134

Receta #5: Carne asada baja en carbohidratos 137

Receta #6: Miso de res y calabacines tiernos..140

Receta #7: Bacalao con mantequilla de ajo adobado con bok choy......................143

Receta #8: Sopa cremosa de pollo 145

Receta #9: Fletán de sésamo al jenjibre 148

Receta #10: Estofado de carne de res y champiñones 151

Receta #11: Pizza de queso de cabra y cebolla ahumada..154

Receta #12: Sopa de calabaza con nuez de maracuyá salada............................... 157

Capítulo 6 - Meal Prep: recetas de los bocadillos al estilo keto............................. 160

Receta #1: Rebanadas de aguacate, con queso crema y pepino 160

Receta #2: Pastelitos de jamón y queso..........163

Receta #3: Bocadillos de nuez y parmesano...166

Receta #4: Jalapeños rellenos de queso crema y tocino..169

Receta #5: Guacamole bajo en carbohidratos 172

Receta #6: Salmón ahumado adobado con eneldo... 175

Receta #7: Bombas de grasa de coco y limón..177

Receta #8: Bombas de grasa de limón con coco 179

Receta #9: Bombas de grasa de maní con chocolate 181

Receta #10: Tapenade de aceitunas, almendra y hierbas 183

Receta #11: Tocino Recubierto de Chocolate . 186

Receta #12: Hongos portobello rellenos de queso ricotta y espinacas 189

Receta #13: Mantequilla de canela 192

Receta #14: Ensalada de berenjenas tostadas 194

Receta #15: Rebanadas de cauli con cheddar. 197

Receta #16: Palitos de tocino con mozzarella 201

Capítulo 7 - Meal Prep. recetas de batidos al estilo keto 203

Receta #1: Batido cremoso de té verde matcha 203

Receta #2: Batido de chocolate con mantequilla de maní 206

Receta #3: Batido de almendras con futos del bosque.. 208

Receta #4: Batido de fresas y crema 210

Receta #5: Batido de Especias con Calabaza ..212

Receta #6: Batido verde intenso 214

Receta #7: Batido de semillas de chía y verduras crujientes..216

Receta #8: Batido de café con mantequilla.....218

Receta #9: Batido de vainilla 220

Receta #10: Batido de aguacate y coco 222

Capítulo 8 - Meal Prep: recetas de postres al estilo keto 224

Receta #1: Brownies de chocolate al estilo keto 224

Receta #2: Macarrones de coco sin hornear .. 228

Receta #3: Frambuesas con queso crema 230

Receta #4: Bocadillos de mantequilla de maní con coco 232

Receta #5: Dulces de cacao con queso crema 235

Receta #6: Pudín cremoso de vainilla............ 238

Receta #7: Pastelitos de amapola con limón.. 240

Conclusión 243

Gracias! 244

Introducción

Todos en la dieta cetogénica quieren disfrutar de comidas caseras de alta calidad, saludables y deliciosas todos los días. Sin embargo, no todo el mundo sabe que esto es posible, por lo que a veces recurren a alternativas poco saludables y de baja calidad, tales como comidas baratas o comidas producidas de forma comercial y altamente procesadas.

Aquellos que buscan mejores estrategias para mantener la dieta cetogénica de manera segura y efectiva, no deben buscar más porque este libro puede ayudarles a lograr el objetivo de tener comidas al estilo keto sanas y deliciosas preparadas en casa, cada día.

¿Cómo? Bueno, eso es porque este libro contiene los pasos para preparar efectivamente las comidas en casa y, lo mejor de todo, ¡más de 70 platos bajos en carbohidratos para el desayuno, el almuerzo, la cena, los refrigerios, los batidos e incluso los postres! También incluye un plan de comidas completo de 30 días para aquellos que quieren hacer las cosas aún más fáciles para ellos mismos.

Comience a preparar sus comidas bajas en carbohidratos ahora mismo pasando al Capítulo 1!

Capítulo 1 - Los fundamentos y beneficios de la preparación de comidas al estilo Keto baja en carohidratos

La Dieta Cetogénica, o Keto, se está convirtiendo rápidamente en la dieta alternativa para muchas personas. Ha ayudado a muchos a perder peso, a superar el SOPQ (síndrome de ovario poliquístico), a mejorar el rendimiento atlético, a controlar la enfermedad de Alzheimer y otras afecciones neurológicas.

Si usted es alguien que está actualmente en la dieta cetogénica, entonces usted puede entender lo difícil que puede ser mantenerla, especialmente porque a menudo estamos rodeados de alimentos ricos en carbohidratos. Las personas que hacen la dieta cetogénica la mayoría de las veces tienen que preparar sus propias comidas en casa para asegurarse de que disfrutan de una comida deliciosa, saludable, baja en carbohidratos y alta en grasas.

La buena noticia, sin embargo, es que usted puede optar por **preparar** sus comidas de la dieta cetogénica bajas en carbohidratos. De esa manera, puede ahorrar mucho dinero, tiempo y esfuerzo ya que continúa con la dieta. La preparación de las comidas es una forma práctica de preparar alimentos en casa, ya que le permite cocinar grandes cantidades sólo unas pocas veces a la semana (a veces incluso una vez a la semana) y luego almacenar las porciones individuales de los alimentos de forma adecuada en el refrigerador o congelador. Luego, a lo largo de la semana, todo lo que tendrá que hacer es recalentar esas porciones y disfrutarlas. Lo mejor de todo es que algunos alimentos, como las ensaladas y los bocadillos, ni siquiera necesitan ser recalentados.

Cómo preparar las comidas de la manera correcta

Algunas personas han dejado de preparar sus comidas simplemente porque no siguen un proceso práctico y eficiente. Usted puede evitar convertirse en uno de ellos creando uno, y estas pautas pueden ayudarlo a hacerlo.

1: Elija dónde y cuándo hacer sus compras semanales de sus alimentos

¿Dónde le gustaría comprar sus alimentos? Tome nota de los mercados más cercanos en su área que ofrecen la mejor calidad en alimentos que su presupuesto se lo permita. Luego, determine el mejor día y la mejor hora para comprar todos los ingredientes que necesita. Por ejemplo, si su día libre es un sábado por la mañana y usted sabe que no hay muchas personas haciendo sus compras a las 10 a.m. en ese mercado, entonces puede programar la actividad semanalmente.

2: Cree una plantilla de lista de compras.

Ya sea que esté en su teléfono o tenga una lista física, debe tener una plantilla en la que anotar los ingredientes que necesita para las recetas que preparará. Tome nota de la cantidad, nombres genéricos y marcas si es necesario. Luego, siéntese con las recetas que haya elegido para la semana y tome nota.

3: Compre al granel.

Una vez que tenga una lista de los ingredientes que necesitará, todo lo que tiene que hacer es comprarlos durante la fecha y hora que ha elejido.

Luego, guárdelos apropiadamente en la despensa de su cocina y en el refrigerador tan pronto como llegue a casa.

4: Elija dos días para la preparación de sus comidas.

Antes de ir a la tienda de alimentos, asegúrese de haber elegido el día de preparación de la comida para la semana. ¿Va a scr un domingo por la tarde? Si es así, asegúrese de haber comprado los ingredientes un día antes. De esta manera, usted no estará tan cansado para el momento en que comience a cocinar.

5: Prepare recipientes individuales de alimentos.

Hará su propia vida mucho más fácil si divide lo que ha preparado en recipientes individuales, porque entonces podrá hacer un sistema de "agarrar y llevar" durante toda la semana. Elija recipientes herméticos y seguros para los alimentos, adecuados para el tipo de alimentos que desea disfrutar. Además, etiquete los recipientes para que no termine guardando sus delicados panecillos en uno que tenga un fuerte olor a ajo y pimienta.

Ahí lo tiene: preparar la comida de forma fácil es posible. Si usted no es el único que disfrutará de estas comidas preparadas, entonces definitivamente puede trabajar junto con quien sea que las comparta con usted. De esta manera, usted puede reducir los costos y el tiempo de manera haciendo todo de manera mucho más efectiva.

Errores Comunes en la Preparación de Alimentos

Definitivamente hay medidas de seguridad que se deben tomar cuando se preparan los alimentos. Después de todo, está lidiando con algo que pondrá en su cuerpo. Por lo tanto, a continuación, se incluyen algunos errores comunes que debe evitar mientras prepara sus comidas de la dieta cetogénica bajas en carbohidratos.

Error 1: Almacenar alimentos cocinados durante más de 4 días en la nevera.

El número máximo de días más seguro para almacenar la mayoría de los alimentos cocinados en el refrigerador (40 grados F o menos) es de 4 días. Los alimentos también deben almacenarse en un recipiente hermético para reducir considerablemente la oxidación. Por más de 4 días se puede arriesgar a una intoxicación alimentaria.

Error 2: Recalentar la comida más de una vez

Los alimentos cocidos nunca deben recalentarse más de una vez. De lo contrario, usted podría arriesgarse no sólo a perder el valor nutricional y el sabor, sino también la posibilidad de intoxicación alimentaria. También debe recalentar los alimentos hasta que la temperatura interna alcance los 165 grados F para asegurarse de que estén completamente descongelados y que sean seguros para el consumo.

Error 3: Ir al supermercado sin una lista detallada

Usted podría desperdiciar mucho dinero y comida cuando compra en exceso ciertos ingredientes. Por lo tanto, es fundamental que tome nota de la cantidad necesaria para la preparación de la comida antes de entrar en la tienda de comestibles.

Error 4: Almacenamiento inadecuado de alimentos

El oxígeno descompone rápidamente los alimentos y hace que las bacterias florezcan, por lo que debe minimizar la exposición de los alimentos al oxígeno tan pronto como estén lo suficientemente fríos para ser almacenados. Esto puede lograrse utilizando contenedores herméticos y bolsas para el congelador. También puede hacer la técnica de inmersión en agua para que los alimentos en bolsas sean herméticos antes de sellarlos. Revise cualquier video online sobre cómo hacer esto.

Error 5: No añadir variedad

Es importante comer diferentes alimentos dentro de la semana por dos razones. En primer lugar, podría aburrirse fácilmente con las mismas comidas todos los días. Segundo, usted no podrá darle a su cuerpo una variedad de nutrientes si come los mismos tipos de alimentos diariamente. Por lo tanto, no dude en probar otras recetas. Mejor aún, siempre incluya una ensalada fresca con la mayoría de sus comidas para que no sólo añada variedad al sabor, sino también de los nutrientes.

En este punto, debe estar listo para comenzar a preparar sus comidas de la dieta cetogénica bajas en carbohidratos. Así que, sin más preámbulos, ¡adelante y empiece!

Capítulo 2 - Plan de 30 días de comidas de la dieta cetogénica bajas en carbohidratos

En las siguientes páginas se sugiere una lista de planes de comidas de 30 días que usted puede seguir, basados en las recetas que se encuentran en este libro. Por supuesto, siempre puede hacer cambios basados en sus gustos y preferencias personales, así que siéntase libre de adaptarlos cuando lo necesite.

Meal Prep

Día 1

Desayuno: Panqueques salados con queso cheddar

Batido: Batido cremoso de té verde matcha

Almuerzo: Albondigas de carne con salsa al estilo asiático

Bocadillos: Rebanadas de aguacate, con queso crema y pepino

Cena: Huevos endiablados con tocino picado

Postre: Dulces de cacao con queso crema

Día 2

Desayuno: Panqueques salados con queso cheddar

Batido: Batido cremoso de té verde matcha

Almuerzo: Albondigas de carne con salsa al estilo asiático

Bocadillos: Rebanadas de aguacate, con queso crema y pepino

Cena: Huevos endiablados con tocino picado

Postre: Dulces de cacao con queso crema

Meal Prep

Día 3

Desayuno: Chía, canela, vainilla, y granola

Batido: Batido de chocolate con mantequilla de maní

Almuerzo: Albondigas de carne con salsa al estilo asiático

Bocadillos: Rebanadas de aguacate, con queso crema y pepino

Cena: Ensalada caesar al estilo keto

Postre: Dulces de cacao con queso crema

Día 4

Desayuno: Chía, canela, vainilla, y granola

Batido: Batido de chocolate con mantequilla de maní

Almuerzo: Pollo al curry con maní tostado

Bocadillos: Pastelitos de jamón y queso

Cena: Ensalada caesar al estilo keto

Postre: Pudín cremoso de vainilla

Meal Prep

Día 5

Desayuno: Chía, canela, vainilla, y granola

Batido: Batido de fresas y crema

Almuerzo: Pollo al curry con maní tostado

Bocadillos: Pastelitos de jamón y queso

Cena: Queso frito con cuñas de aguacate

Postre: Pudín cremoso de vainilla

Día 6

Desayuno: Desayuno con hamburguesas de queso, salchichas y portobello

Batido: Batido de fresas y crema

Almuerzo: Nuggets de pollo a la parmesana al horno en salsa marinara de mozzarella

Bocadillos: Pastelitos de jamón y queso

Cena: Queso frito con cuñas de aguacate

Postre: Pudín cremoso de vainilla

Meal Prep

Día 7

Desayuno: Desayuno con hamburguesas de queso, salchichas y portobello

Batido: Batido verde intenso

Almuerzo: Nuggets de pollo a la parmesana al horno en salsa marinara de mozzarella

Bocadillos: Bocadillos de nuez y parmesano

Cena: Beef simple con chile

Postre: Pastelitos de amapola con limón

Día 8

Desayuno: Queso quiche al estilo keto

Batido: Batido verde intenso

Almuerzo: Lasaña de carne de res con calabacín

Bocadillos: Bocadillos de nuez y parmesano

Cena: Beff simple con chiles

Postre: Pastelitos de amapola con limón

Día 9

Desayuno: Queso quiché al estilo keto

Batido: Batido de semillas de chía y verduras crujientes

Almuerzo: Lasaña de carne de res con calabacín

Bocadillos: Bocadillos de nuez y parmesano

Cena: Carne asada baja en carbohidratos

Postre: Pastelitos de amapola con limón

Día 10

Desayuno: Bollos de arándano para el desayuno

Batido: Batido de semillas de chía y verduras crujientes

Almuerzo: Brochetas de pollo con pimiento morrón

Bocadillos: Jalapeños rellenos de queso crema y tocino

Cena: Carne asada baja en carbohidratos

Postre: Brownies de Chocolate al estilo keto

Día 11

Desayuno: Bollos de arándano para el desayuno

Batido: Batido de crema de café

Almuerzo: Brochetas de pollo con pimiento morrón

Bocadillos: Jalapeños rellenos de queso crema y tocino

Cena: Miso de res y calabacines tiernos

Postre: Brownies de chocolate al estilo keto

Día 12

Desayuno: Mantecado de canela y coco

Batido: Batido de café con mantequilla

Almuerzo: Brochetas de pollo con pimiento morrón

Bocadillos: Jalapeños rellenos de queso crema y tocino

Cena: Miso de res y calabacines tiernos

Postre: Brownies de chocolate al estilo keto

Meal Prep

Día 13

Desayuno: Mantecado de canela y coco

Batido: Batido suave de vainilla

Almuerzo: Camarones a la parrilla con ensalada de aguacate, tomate y cebolla

Bocadillos: Guacamole bajo en carbohidratos

Cena: Mantequilla de ajo asado bacalao con bok choy

Postre: Macarrones de coco sin hornea

Día 14

Desayuno: Huevos escoceses

Batido: Batido de vainilla

Almuerzo: Camarones a la parrilla con ensalada de aguacate, tomate y cebolla

Bocadillos: Guacamole bajo en carbohidratos

Cena: Bacalao con mantequilla de ajo adobado con bok choy

Postre: Macarrones de coco sin hornear

Meal Prep

Día 15

Desayuno: Huevos escoceses

Batido: Batido de aguacate y coco

Almuerzo: Ensalada de atún al estilo mediterráneo

Bocadillos: Guacamole bajo en carbohidratos

Cena: Sopa cremosa de pollo

Postre: Macarrones de coco sin hornear

Día 16

Desayuno: Huevos escoceses

Un batido: Batido de aguacate y coco

Almuerzo: Ensalada de atún al estilo mediterráneo

Bocadillos:

Cena: Sopa cremosa de pollo

Postre: Frambuesas con queso crema

Meal Prep

Día 17

Desayuno: Tacos para el desayuno

Batido: Batido de té verde matcha

Almuerzo: Macarrones cremosos de cauli y queso

Bocadillos: Salmón ahumado adobado con eneldo

Cena: Fletán de sésamo al jenjibre

Postre: Frambuesas con queso crema

Día 18

Desayuno: Tacos para el desayuno

Batido: Batido de té verde matcha

Almuerzo: Macarrones cremosos de cauli y queso

Bocadillos: Salmón ahumado adobado con eneldo

Cena: Fletán de sésamo al jenjibre

Postre: Frambuesas con queso crema

Día 19

Desayuno: Muffins de tocino y ricotta para el desayuno

Batido: Batido de chocolate con mantequilla de maní

Almuerzo: Lomo de cerdo con hierbas balsámicas

Bocadillos: Salmón ahumado adobado con eneldo

Cena: Estofado de carne de res y champiñones

Postre: Bocadillos de mantequilla de maní con coco

Día 20

Desayuno: Muffins de tocino y ricotta para el desayuno

Batido: Batido de chocolate con mantequilla de maní

Almuerzo: Lomo de cerdo con hierbas balsámicas

Bocadillos: Bombas de grasa de coco y limón

Cena: Estofado de carne de res y champiñones

Postre: Bocadillos de mantequilla de maní con coco

Día 21

Desayuno: Muffins de tocino y ricotta para el desayuno

Batido: Batido de fresas con crema

Almuerzo: Ensalada primavera con sardina

Bocadillos: Bombas de grasa de coco y limón

Cena: Pizza de queso de cabra con cebolla ahumada

Postre: Bocadillos de mantequilla de maní con coco

Día 22

Desayuno: Mini waffles al estilo keto

Batido: Batido de fresas con crema

Almuerzo: Ensalada primavera con sardina

Bocadillos: Bombas de grasa de coco y limón

Cena: Pizza de queso de cabra con cebolla ahumada

Postre: Dulces de cacao con queso crema

Meal Prep

Día 23

Desayuno: Mini waffles al estilo keto

Batido: Batido verde intenso

Almuerzo: Dedos de pollo a la parmesana con finas hierbas

Bocadillos: Bombas de grasa de limón con coco

Cena: Sopa de calabaza con nuez de maracuyá salada

Postre: Dulce de Cacao con Queso Crema

Día 24

Desayuno: Muffins de tocino y ricotta para el desayuno

Batido: Batido verde intenso

Almuerzo: Dedos de pollo a la parmesana con finas hierbas

Bocadillos: Bombas de grasa de limón con coco

Cena: Sopa de calabaza con nuez de maracuyá salada

Postre: Dulce de Cacao con Queso Crema

Día 25

Desayuno: Muffins de tocino y ricotta para el desayuno

Batido: Batido de semillas de chía y verduras crujientes

Almuerzo: Ensalada de jamón, cebolla y judías verdes

Bocadillos: Bombas de grasa de limón con coco

Cena: Sopa de calabaza con nuez de maracuyá salada

Postre: Pudín cremoso de vainilla

Día 26

Desayuno: Huevos al horno con hierbas

Batido: Batido de semillas de chía y verduras crujientes

Almuerzo: Ensalada de jamón, cebolla y judías verdes

Bocadillos: Ensalada de berenjenas tostadas

Cena: Huevos endiablados con tocino picado

Postre: Pudín cremoso de vainilla

Día 27

Desayuno: Huevos al horno con hierbas

Batido: Batido de vainilla

Almuerzo: Hamburguesas de aguacate con queso

Bocadillos: Bombas de grasa de maní con chocolate

Cena: Huevos endiablados con tocino picado

Postre: Pudín cremoso de vainilla

Día 28

Desayuno: Pan al estilo keto con mantequilla de canela

Batido: Batido de vainilla

Almuerzo: Hamburguesas de aguacate con queso

Bocadillos: Rebanadas de cauli con cheddar

Cena: Huevos endiablados con tocino picado

Postre: Pastelitos de amapola con limón

Meal Prep

Día 29

Desayuno: Pan al estilo keto y mantequilla de canela

Batido: Batido de aguacate y coco

Almuerzo: Salchicha con queso, champiñones y espaguetis con cazuela de calabaza

Bocadillos: Rebanadas de cauli con cheddar

Cena: Ensalada caesar al estilo keto

Postre: Pastelitos de amapola con limón

Día 30

Desayuno: Pan al estilo keto y mantequilla de canela

Batido: Batido de aguacate y coco

Almuerzo: Salchicha con queso, champiñones y espaguetis con cazuela de calabaza

Bocadillos: Rebanadas de cauli con cheddar

Cena: Ensalada caesar al estilo keto

Postre: Pastelitos de amapola con limón

Capítulo 3 - Meal Prep: recetas para el desayuno al estilo keto de

Receta #1: Panqueques salados con queso cheddar

Número de porciones: 4

Tamaño de la porción: 2 panqueques

Tiempo de preparación: 15 minutos

Tiempo de cocción: 10 minutos

Ingredientes:

- 4 claras de huevo grandes
- 4 oz. de queso cheddar rallado
- 2 tazas de harina de almendras
- 4 cucharadas de aceite de oliva
- 1 cda. de cebolla verde picada
- 1 cdta. de polvo de hornear

Instrucciones:

1. Mezcle la harina de almendras, el agua, el queso cheddar rallado, la cebolla verde y el ajo en un tazón grande. Mezclar bien y luego reservar.
2. Batir las claras de huevo en un recipiente aparte junto con el polvo de hornear, luego agregar la mezcla de harina de almendras. Batir todo muy bien hasta que esté suave.
3. Coloque una plancha para panqueques o una sartén antiadherente a fuego medio-alto. Agregue un poco de aceite de oliva y revuelva para cubrir.
4. Una vez caliente, coloque una octava parte de la masa en la sartén caliente y cocine por 1 minuto por cada lado, o hasta que esté listo.
5. Transfiera a un plato y luego repita el procedimiento con el resto de la masa. Colóquelo en un recipiente hermético y refrigérelo hasta por 3 días. Vuelva a calentar antes de servir.

Datos nutricionales por porción:

Energía (calorías)   257   kcal

Meal Prep

Proteína	11	g
Grasa	24	g
Carbohidratos Netos	2	g
Fibra	0.1	g
Azúcares, total	0.4	g

Receta #2: Chía, canela, vainilla, y granola

Número de porciones: 6
Tamaño de la porción: ½ taza

Tiempo de preparación: 20 minutos
Tiempo de cocción: 25 minutos

Ingredientes:

- 56 gramos de proteína de suero en polvo
- 1 taza de nueces de macadamia
- ¼ taza de agua
- 4 cucharadas de harina de linaza
- 4 cucharadas de semillas de chía enteras
- 4 cucharadas de aceite de coco derretido
- 3 cucharadas de agua
- 4 cdtas. de stevia
- 2 cdtas. de canela
- 1 cdta. de extracto puro de vainilla
- ¼ cdta. de sal marina fina

Meal Prep

Instrucciones:

1. Ajuste el horno a 350 grados F para precalentarlo. Forre una bandeja para hornear con papel para hornear y déjela a un lado.
2. Mezcle el extracto de vainilla, el agua y las semillas de chía en un tazón grande. Deje reposar durante 5 minutos o hasta que la mezcla se vuelva gelatinosa.
3. Vierta las nueces de macadamia en un procesador de alimentos y luego agregue la harina de linaza, la proteína en polvo, la stevia, la sal y la canela. Pulsar hasta que la mezcla esté fina y las nueces estén molidas.
4. Vierta la mezcla gelatinosa de semillas de chía en el procesador de alimentos, luego agregue aproximadamente 1 cucharada de agua y el aceite de coco. Mezcle hasta que la mezcla esté suave. Deje a un lado.
5. Con una cuchara, transfiera la mezcla a la bandeja para hornear . Luego, transfiera al horno y hornee por 15 minutos.
6. Una vez cocido, sacarlo del horno y partirlo en trozos pequeños y luego dispensarlos en la sartén.

7. Hornee por 10 minutos adicionales o hasta que la granola esté seca y dorada. Colóquelo sobre una rejilla de enfriamiento y déjelo enfriar por completo.
8. Transfiera a un recipiente hermético y guarde hasta una semana en el refrigerador. Se sirve mejor con leche tibia.

Datos nutricionales por porción:

Energía (calorías)	336	kcal
Proteína	9	g
Grasa	31	g
Carbohidratos Netos	11	g
Fibra	6	g
Azúcares, total	1.3	g

Meal Prep

Receta #3: Desayuno con hamburguesas de queso, salchichas y portobello

Número de porciones: 4
Tamaño de la porción: 1 hamburguesa

Tiempo de preparación: 25 minutos
Tiempo de cocción: 20 minutos

Ingredientes:

- 8 tapas de champiñones Portobello
- 4 rebanadas de queso americano, 2 onzas cada una
- ¼ taza de salchicha para el desayuno
- 4 cucharadas de aceite de oliva

Instrucciones de Cocina:

1. Enjuague bien las tapas de los champiñones, retirando y desechando los tallos y las branquias. Seque con toallas de papel y deje a un lado.

2. Coloque una sartén grande de hierro fundido a fuego medio y caliente. Una vez caliente, agregue un cuarto del aceite de oliva y revuelva para cubrirlo.
3. Agregue dos de los tapones de champiñones Portobello y cocine por 5 minutos por cada lado, o hasta que se doren por completo. Transfiera a un plato y repita con el resto de las tapas de los hongos. Deje a un lado.
4. Divida la salchicha en cuatro porciones y haga las hamburguesas.
5. Limpie la sartén y vuelva a calentarla a fuego medio. Agregue la mitad del aceite de oliva restante y revuelva para cubrir. Agregue dos de las hamburguesas y cocine de 2 a 3 minutos por lado, o hasta que estén bien cocidas.
6. Agregue una rebanada de queso americano en cada hamburguesa, luego cubra la sartén y cocine hasta que el queso se derrita.
7. Cortar las hamburguesas con el queso derretido en las tapas de los champiñones. Repita con el resto de las hamburguesas y rebanadas de queso hasta que cuatro de

ellas den como resultado las hamburguesas.
8. Cubra la parte superior de los champiñones con las otras hamburguesas hasta que comlete cuatro hamburguesas.
9. Envuelva cada "hamburguesa" en papel de aluminio y refrigere hasta por 3 días, o congele hasta por 3 semanas. Vuelva a calentar antes de servir.

Datos nutricionales por porción:

Energía (calorías)	504	kcal
Proteína	24	g
Grasa	41	g
Carbohidratos Netos	10	g
Fibra	3	g
Azúcares, total	7	g

Receta #4: Queso quiche al estilo keto

Número de porciones: 8
Tamaño de la porción: 1/8 de la receta

Tiempo de preparación: 15 minutos
Tiempo de cocción: 1 hora

Ingredientes:

Para la corteza:

- 2 claras de huevo crudas grandes
- 1 taza de harina de almendras
- 2/3 taza de nueces de macadamia tostadas secas
- ¼ taza y 1 cucharada de aceite de oliva extra virgen
- ½ cdta. de sal marina fina
- Aceite antiadherente en aerosol

Para el relleno:

- 6 huevos grandes

Meal Prep

- 1 taza de 36 por ciento de crema espesa
- ½ taza de queso cheddar suave
- Sal marina fina, al gusto

Instrucciones:

1. Ajuste el horno a 350 grados F para precalentarlo. Cubra ligeramente un molde para tartas de 9 pulgadas con aceite antiadherente en aerosol y déjelo a un lado.
2. Preparar la masa con un día de anticipación combinando todos los ingredientes en un bol hasta que la mezcla se convierta en una masa. Transfiera la masa al molde preparado y extiéndala hasta que quede completamente cubierta. Si es necesario, transfiera al congelador y refrigere durante 10 minutos para que se fragüe.
3. Hornee la corteza durante 25 minutos en el horno precalentado hasta que se dore. Luego, colóquelo en una rejilla de enfriamiento y déjelo enfriar por

completo. Tape y refrigere hasta que esté listo el quiche para cocinar.

4. Prepare el relleno de la quiche combinando los huevos, el queso y la crema espesa en un tazón grande. Añadir una pizca de sal y mezclar bien hasta que esté suave.

5. Vierta la mezcla en la corteza del pastel preparado. Hornee por 25 minutos, o hasta que el quiche esté listo. Insertar un palillo en el centro del quiche; si sale limpio, está listo.

6. Coloque la quiche en una rejilla de enfriamiento y deje reposar por unos 10 minutos. Cortar y servir. Guárdelo en el refrigerador en un recipiente hermético durante un máximo de 3 días.

Datos nutricionales por porción:

Energía (calorías)	166	kcal
Proteína	2	g
Grasa	17	g

Meal Prep

Carbohidratos Netos	2	g
Fibra	1	g
Azúcares, total	0.94	g

Receta #5: Bollos de arándano para el desayuno

Número de porciones: 12
Tamaño de la porción: 1 bollo

Tiempo de preparación: 10 minutos
Tiempo de cocción: 15 minutos

Ingredientes:

- 3 huevos grandes, batidos
- 1 ½ tazas de harina de almendras
- ¾ taza de frambuesas frescas o congeladas
- ½ taza de stevia
- 2 cdtas. de extracto puro de vainilla
- 2 cdtas. de polvo de hornear

Instrucciones:

1. Ajuste el horno a 375 grados F para precalentarlo. Forre una bandeja para hornear con papel para hornear y déjala a un lado.

2. En un recipiente grande, bata los huevos junto con la stevia, el extracto de vainilla, el polvo de hornear y luego la harina de almendras.
3. Doble las frambuesas en la masa hasta que se mezclen uniformemente.
4. Coloque la masa en la bandeja para hornear preparada, aproximadamente 3 cucharadas por montículo. Asegúrese de que haya al menos 2 pulgadas de espacio entre cada bollo.
5. Hornee los bollos por 15 minutos o hasta que estén dorados.
6. Transfiera los bollos a una rejilla de enfriamiento y déjelos reposar durante 10 minutos. Luego, trasládelo a un recipiente hermético y guárdelo en un lugar fresco y seco durante un máximo de 3 días, o refrigérelo durante un máximo de 5 días. Vuelva a calentar antes de servir.

Datos nutricionales por porción:

| Energía (calorías) | 133 | kcal |
| Proteína | 2 | g |

Grasa	8	g
Carbohidratos Netos	4	g
Fibra	2	g
Azúcares, total	2	g

Meal Prep

Receta #6: Mantecado de canela y coco

Número de porciones: 4

Tamaño de la porción: ½ taza

Tiempo de preparación: 5 minutos

Tiempo de cocción: 5 minutos

Ingredientes:

- 2 tazas de agua
- 1 taza de 36 por ciento de crema espesa
- ½ taza de coco seco rallado sin azúcar
- 2 cucharadas de salvado de avena
- 2 cucharadas de harina de linaza
- 1 cda. de mantequilla
- 1 ½ tsp. stevia
- 1 cdta. de canela
- Sal marina fina, al gusto

Instrucciones:

1. Mezclar todos los ingredientes en una olla pequeña y mezclar bien hasta que estén suaves.
2. Poner la olla a fuego medio bajo y llevar a ebullición lenta. Una vez que hierva, revuelva bien y retire del fuego.
3. Dividir en cuatro porciones iguales y reservar durante 10 minutos para espesar. Es mejor servirlo caliente. Almacene en frascos, selle bien y refrigere hasta por 2 días.

Datos nutricionales por porción:

Energía (calorías)	171	kcal
Proteína	2	g
Grasa	16	g
Carbohidratos Netos	6	g
Fibra	2.5	g
Azúcares, total	1.76	g

Receta #7: Huevos escoceses

Número de porciones: 6

Tamaño de la porción: 1 huevo escocés

Tiempo de preparación: 15 minutos

Tiempo de cocción: 25 minutos

Ingredientes:

- 6 huevos duros, pelados
- 1 ½ tazas de salchicha para el desayuno
- 1 ½ cdta. de ajo en polvo
- 1/3 cucharadita de sal marina fina
- ½ cdta. de pimienta negra recién molida

Instrucciones:

1. Ajuste el horno a 400 grados F para precalentarlo.
2. Extender una hoja grande de papel de hornear sobre una superficie limpia y seca.
3. Coloque la salchicha del desayuno en un tazón grande y agregue la sal, la pimienta y

el ajo en polvo. Mezclar bien con las manos limpias.
4. Divida la mezcla de salchichas del desayuno en 6 bolitas iguales y colóquelas en la hoja de papel de hornear. Aplanar las bolitas de salchicha y colocar encima un huevo duro. Envolver el huevo con la mezcla de salchichas.
5. Colocar los huevos recubiertos de salchicha en una bandeja para hornear seca y hornear en el horno precalentado durante 25 minutos.
6. Coloque los huevos escoceses en una rejilla de enfriamiento y déjelos reposar durante 5 minutos. Almacene en un contenedor hermético y refrigere por hasta 4 días. Vuelva a calentar antes de servir.

Datos nutricionales por porción:

Energía (calorías)	258	kcal
Proteína	17	g
Grasa	21	g

Meal Prep

Carbohidratos Netos	1	g
Fibra	0	g
Azúcares, total	1	g

Receta #8: Tacos para el desayuno

Número de porciones: 2

Tamaño de la porción: ½ de la receta

Tiempo de preparación: 10 minutos

Tiempo de cocción: 5 minutos

Ingredientes:

- 2 tortillas bajas en carbohidratos, de unos 36 gramos cada una
- 4 huevos grandes
- ½ Aguacate, deshuesado, pelado y cortado en trozos finos
- 2 cucharadas de mayonesa
- 1 cda. de mantequilla
- 4 ramitas de cilantro fresco
- Salsa tabasco, al gusto
- Sal marina, al gusto
- Pimienta negra recién molida, al gusto

Instrucciones:

1. Bata los huevos en un bol hasta que estén suaves. Deje a un lado.
2. Coloque una sartén antiadherente a fuego medio y caliente. Una vez caliente, agregue la mantequilla y revuelva para cubrir.
3. Agregue el huevo e inclínelo hasta que los huevos estén extendidos. Cocine hasta que esté listo y luego transfiera a un recipiente. Deje a un lado.
4. Caliente las tortillas a fuego lento, luego colóquelas en un plato y esparza la mayonesa en un lado de cada tortilla.
5. Divida el huevo entre las dos tortillas, luego agregue el aguacate en rodajas y el cilantro. Sazone con sal y pimienta, luego agregue la salsa de pimienta. Enrolle las tortillas y sirva.
6. Para almacenar, agregue el jugo de limón sobre el aguacate antes de colocarlo en la tortilla. Envuélvalo firmemente en papel de aluminio y guárdelo en el congelador hasta por 1 día. Vuelva a calentar en un horno tostador antes de servir.

Datos nutricionales por porción:

Energía (calorías)	289	kcal
Proteína	7	g
Grasa	27	g
Carbohidratos Netos	6	g
Fibra	4	g
Azúcares, total	0.67	g

Receta #9: Muffins de tocino y ricotta para el desayuno

Número de porciones: 6
Tamaño de la porción: 2 muffins

Tiempo de preparación: 15 minutos
Tiempo de cocción: 30 minutos

Ingredientes:

- 2 huevos grandes
- 1 lb. de queso ricotta
- 10 oz. de espinaca bebé, enjuagada y escurrida a fondo
- 7 oz. de tocino
- 2 oz. de piñones tostados picados
- 1 taza de queso parmesano recién rallado
- ½ taza de yogur griego natural espeso
- Sal marina, al gusto
- Pimienta negra recién molida, al gusto
- Aceite antiadherente en aerosol, según sea necesario

Instrucciones:

1. Ajuste el horno a 350 grados F para precalentarlo. Cubra ligeramente un molde para magdalenas de 12 tazas con aceite antiadherente en aerosol y déjelo a un lado.
2. Poner a hervir una cacerola, luego agregar las espinacas y escaldar durante 30 minutos, o hasta que estén marchitas. Escurrir bien y reservar en un colador.
3. Mientras tanto, cortar el tocino en dados y reservar.
4. Una vez escurridas las espinacas, picarlas finamente y transferirlas a un recipiente grande. Agregue el queso ricotta, los piñones, el queso parmesano, el yogur, los huevos y el tocino. Mezclar muy bien hasta que se mezclen uniformemente.
5. Divida la mezcla entre las tazas de panecillos, luego hornee por 30 minutos o hasta que se doren.
6. Colocar en una rejilla de enfriamiento y dejar enfriar ligeramente. Almacene en un contenedor hermético y refrigere por hasta 3 días, o congele por hasta 3 semanas.

Vuelva a calentar en el microondas antes de servir.

Datos nutricionales por porción:

Energía (calorías)	440	kcal
Proteína	27	g
Grasa	29	g
Carbohidratos Netos	22	g
Fibra	4	g
Azúcares, total	3	g

Mark Evans

Receta #10: Mini waffles al estilo keto

Número de porciones: 8
Tamaño de la porción: 1 mini waffle

Tiempo de preparación: 15 minutos
Tiempo de cocción: 10 minutos

Ingredientes:

- 2 huevos grandes
- ½ taza de harina de almendras
- 4 cucharadas de crema agria entera
- 2 cucharadas de mantequilla derretida bio
- 4 cdtas. de harina de raiz de arroz
- 2 cdtas. de vinagre de sidra
- 1 ½ tsp. stevia
- ¼ cucharadita de polvo de hornear
- ¼ cdta. de bicarbonato de sodio
- 1/8 cucharadita de goma xantana
- 1/8 cucharadita de sal marina fina

Instrucciones:

1. Combine la crema agria, el huevo y el vinagre con la mantequilla derretida en un tazón. Mezcle bien.
2. Tamizar los ingredientes secos en la crema agria y la mezcla de huevo. Luego, revuelva suavemente hasta que quede suave.
3. Precaliente una plancha de mini-waffles a baja temperatura. Una vez caliente, cocine la masa realizando 8 mini-waffles (o 4 waffles de tamaño regular) hasta que esté firme.
4. Transfiera a una bandeja y sirva caliente. Puede guardarse en el congelador hasta por 2 semanas. Vuelva a calentar en la plancha para waffles antes de servir.

Datos nutricionales por porción:

Energía (calorías)	49	kcal
Proteína	1	g
Grasa	4	g
Carbohidratos Netos	2	g
Fibra	0.1	g

Azúcares, total   0.06   g

Meal Prep

Receta #11: Huevos al horno con hierbas

Número de porciones: 4

Tamaño de la porción: ¼ de la receta

Tiempo de preparación: 10 minutos

Tiempo de cocción: 20 minutos

Ingredientes:

- 4 huevos grandes
- 60 gramos y crema espesa al 36 por ciento
- 2 cucharadas de mantequilla bio, a temperatura ambiente
- 4 cdtas. de perejil fresco picado
- 4 cucharaditas de cebollino fresco picado
- Sal marina, al gusto
- Pimienta negra recién molida, al gusto

Instrucciones de Cocina:

1. Ajuste el horno a 350 grados F para precalentarlo. Use 1 cucharada de

mantequilla para cubrir cuatro moldes para horno de 1 taza.
2. Romper un huevo en cada ramekin, luego dividir la crema espesa entre ellos. Cubra con el perejil fresco y el cebollino. Sazone con sal y pimienta.
3. Coloque los moldes en una bandeja para hornear y hornee durante 20 minutos, o hasta que los huevos estén cocidos.
4. Transfiera a una rejilla de enfriamiento y deje reposar durante 5 minutos antes de servir. Para almacenar, cubra con papel de aluminio y refrigere por hasta 2 días. Vuelva a calentar en el microondas antes de servir.

Datos nutricionales por porción:

Energía (calorías)	158	kcal
Proteína	3	g
Grasa	16	g
Carbohidratos Netos	1	g
Fibra	0.1	g

Meal Prep

Azúcares, total   0.5   g

Receta #12: Pan al estilo keto con mantequilla de canela

Número de porciones: 6

Tamaño de la porción: 1/6 de la receta

Tiempo de preparación: 1 hora y 30 minutos

Tiempo de cocción: 1 hora

Ingredientes:

- 3 huevos grandes
- 1/3 taza de queso crema completo, a temperatura ambiente
- 4 ½ Cucharada de harina de linaza
- 1 ½ Tbsp. y 1 ½ tsp. aceite de coco derretido
- 6 cdtas. de polvo de psilio
- 3 cdtas. de harina de coco
- 3 cdtas. de vinagre de sidra
- 3 cdtas. de agua tibia
- 2 ¼ tsp. stevia
- 1/3 cucharadita de bicarbonato de sodio

- 1/3 cucharadita de polvo de hornear
- 1/6 cucharadita de goma xantana
- 1/6 cucharadita de sal marina fina

Instrucciones:

1. Ajuste el horno a 350 grados F para precalentarlo. Cubra una bandeja para hornear con papel para hornear y déjela a un lado.
2. Mezclar bien todos los ingredientes secos en un bol y reservar.
3. En un recipiente separado, bata todos los ingredientes húmedos. Luego, mezcle gradualmente los ingredientes secos hasta que estén suaves.
4. Divida la mezcla en seis rollos de igual tamaño y luego colóquelos en la bandeja para hornear. Cubrir con un paño de cocina limpio y dejar reposar de 30 minutos a una hora.
5. Una vez que los rollos hayan aumentado al doble de su tamaño, hornee los rollos durante 40 minutos. Inserte un palillo en

el centro de un rollo; si sale limpio, está listo.
6. Transfiera los rollos a una rejilla de enfriamiento y deje que se enfríen ligeramente. Es mejor servirlo de inmediato. Puede almacenarse hasta 3 días en un recipiente hermético, lejos de la luz solar directa.

Datos nutricionales por porción:

Energía (calorías)	106	kcal
Proteína	4	g
Grasa	9	g
Carbohidratos Netos	4	g
Fibra	2	g
Azúcares, total	1	g

Capítulo 4 - Meal Prep: recetas para el almuerzo al estilo keto

Receta #1: Albondigas de carne con salsa al estilo asiático

Número de porciones: 5

Tamaño de la porción: 6 albóndigas

Tiempo de preparación: 15 minutos

Tiempo de cocción: 15 minutos

Ingredientes:

- 1 lb. de carne de res orgánica molida
- 1 huevo grande
- 1 cebolla roja pequeña, pelada y picada
- 2 dientes de ajo, pelados y picados
- ½ cdta. de sal marina
- Pimienta negra recién molida, al gusto

Para la salsa:

- 1 diente de ajo, pelado y picado

- ¼ taza de salsa de soja ligera
- 2 cucharadas de vinagre de arroz
- 1 cda. de jengibre recién rallado
- 1 cda. de cebolla verde picada
- Stevia líquida, al gusto
- Aceite antiadherente en aerosol, según sea necesario

Instrucciones :

1. Ajuste el horno a 425 grados F para precalentarlo. Cubra ligeramente una bandeja para hornear con rocío de cocina antiadherente y colóquela a un lado.
2. Coloque la carne molida en un recipiente grande para mezclar y agregue el huevo, la cebolla, la sal, el ajo y una generosa pizca de pimienta negra. Mezclar todo bien con las manos limpias.
3. Haga aproximadamente 40 bolitas de 1 pulgada de la mezcla de carne y colóquelas en la bandeja para hornear.
4. Hornee las albóndigas en el horno precalentado durante unos 12 minutos, o

hasta que estén doradas pero aún húmedas.
5. Mientras las albóndigas se cocinan, combine todos los ingredientes de la salsa en un recipiente para remojar y revuelva bien.
6. Una vez que las albóndigas estén cocidas, páselas a un recipiente hermético y deje que se enfríen un poco antes de sellarlas. Guarde la salsa de inmersión en un recipiente hermético aparte.
7. Refrigere las albóndigas y la salsa hasta por 3 días, o congele hasta por 3 semanas. Vuelva a calentar antes de servir.

Datos nutricionales por porción:

Energía (calorías)	238	kcal
Proteína	24	g
Grasa	14	g
Carbohidratos Netos	3	g
Fibra	0.4	g
Azúcares, total	0.8	g

Receta #2: Pollo al curry con maní tostado

Número de porciones: 3

Tamaño de la porción: 1/3 de la receta

Tiempo de preparación: 15 minutos

Tiempo de cocción: 20 minutos

Ingredientes:

- 1 diente de ajo, pelado y picado
- 7.5 oz. de leche de coco entera sin azúcar
- ½ lb. pechuga de pollo, cortada en tiras finas
- ¼ taza de cebolla amarilla picada
- ¼ taza de agua
- ¼ taza de maní tostado
- 2 cucharadas de cilantro fresco picado
- 1 ½ Cucharada de aceite de coco derretido
- 1 ½ Cucharada de aceite de palma derretido
- ½ Cucharada de curry en polvo

- 1 cdta. de jengibre fresco picado
- Sal marina, al gusto
- Hojuelas de pimiento rojo, al gusto

Instrucciones:

1. Poner una cacerola a fuego medio y añadir el coco y el aceite de palma. Agite para combinar.
2. Añada la cebolla y el curry en polvo y luego saltee hasta que las cebollas estén tiernas.
3. Agregue el pollo en rodajas y saltee hasta que el pollo esté bien cocido. Luego, agregue el jengibre y el ajo y sofría hasta que estén perfumados.
4. Añada el agua y la leche de coco y deje hervir.
5. Una vez hirviendo, reduzca a fuego lento y añada los cacahuetes. Continúe hirviendo a fuego lento hasta que el curry esté espeso y el pollo esté completamente cocido.
6. Retire el curry del fuego y añada el cilantro. Sazone al gusto con sal y hojuelas de pimiento rojo.

7. Divida entre dos recipientes herméticos y deje que se enfríen ligeramente. Cubra y refrigere por hasta 3 días. Vuelva a calentar antes de servir.

Datos nutricionales por porción:

Energía (calorías)	586	kcal
Proteína	18	g
Grasa	56	g
Carbohidratos Netos	6	g
Fibra	2	g
Azúcares, total	3	g

Receta #3: Nuggets de pollo a la parmesana al horno en salsa marinara de mozzarella

Número de porciones: 6

Tamaño de la porción: 4 nuggets

Tiempo de preparación: 20 minutos

Tiempo de cocción: 45 minutos

Ingredientes:

- 1 libra de pechuga de pollo finamente picada
- 3 oz. de queso mozzarella fresco
- 1 taza de harina de almendras
- 1 taza de salsa marinara sin azúcar
- ½ taza de leche entera
- ½ taza de queso parmesano recién rallado
- 1 cdta. de sal marina fina
- ½ cdta. de orégano seco
- Pimienta negra recién molida, al gusto

- Aceite antiadherente en aerosol, según sea necesario

Instrucciones:

1. Ajuste el horno a 350 grados F para precalentarlo. Cubra ligeramente una bandeja para hornear grande y colóquela a un lado.
2. En un recipiente grande, mezcle la mitad de la harina de almendras con la leche, el queso parmesano, la sal y una pizca de pimienta negra. Mezclar todo muy bien.
3. Agregue el pollo picado a la mezcla de harina de almendras y mezcle bien hasta que esté bien revuelto.
4. Dividir la mezcla en 24 bolitas iguales y luego escurrirlas en la harina de almendras reservada.
5. Coloque las bolas en la bandeja para hornear y hornee durante 10 minutos.
6. Después de 10 minutos, voltee las bolas y hornee durante 10 minutos más.
7. Una vez que las bolitas estén cocidas, vierta la salsa marinara sobre ellas y luego

salpíquelas con trozos de queso mozzarella.
8. Hornee durante 12 a 15 minutos adicionales o hasta que el queso se derrita.
9. Retire del horno y cubra con orégano seco.
10. Deje enfriar ligeramente, luego cubra y refrigere por hasta 3 días. Vuelva a calentar antes de servir.

Datos nutricionales por porción:

Energía (calorías)	282	kcal
Proteína	33	g
Grasa	12	g
Carbohidratos Netos	11	g
Fibra	3	g
Azúcares, total	4	g

Receta #4: Lasaña de carne de res con calabacín

Número de porciones: 10

Tamaño de la porción: 1/10 de la receta

Tiempo de preparación: 20 minutos

Tiempo de cocción: 1 hora

Ingredientes:

- 2 calabacines grandes
- 1 cebolla amarilla grande, picada
- 2 dientes de ajo, pelados y picados
- 1 lb. de carne molida magra al 75 por ciento
- 2 tazas de salsa orgánica para pasta sin azúcar
- 1 taza de queso ricotta
- ½ taza de queso parmesano rallado
- 8 cucharadas de queso mozzarella rallado
- 2 cucharadas de orégano fresco picado
- 2 cucharadas de aceite de oliva
- 1 cda. de albahaca fresca picada

Meal Prep

- ¼ cdta. de sal marina fina
- ¼ cdta. de pimienta negra recién molida

Instrucciones:

1. Ajuste el horno a 375 grados F para precalentarlo.
2. Coloque una cacerola a fuego medio-alto y caliente. Una vez caliente, agregue el aceite de oliva y revuelva para cubrirlo.
3. Saltee la cebolla en la cacerola hasta que esté tierna, luego agregue el ajo y saltee hasta que esté fragante.
4. Agregue la carne molida a la cacerola y revuelva, rompiendo, hasta que esté dorada por todas partes.
5. Agregue la salsa para pastas y deje hervir a fuego lento. Una vez hervido, reduzca a fuego lento y añada la albahaca, el orégano y la sal. Mezclar bien y reservar.
6. Corte los calabacines por la mitad a lo largo, luego córtelos en tiras extra finas, de aproximadamente 1/8 de pulgada de grosor.
7. Coloque 6 rebanadas de calabacín en la parte inferior de la bandeja para hornear,

luego agregue un cuarto de la salsa de carne por encima. Añadir ¼ taza de queso ricotta con 2 cucharadas o queso mozzarella. Repita, asegurándose de que las rodajas de calabacín estén entrecruzadas.

8. Una vez ensamblada la lasaña, se coloca encima el queso parmesano y la pimienta negra. Hornee en el horno durante 1 hora o hasta que la parte superior esté dorada y burbujeante.

9. Retire cuidadosamente la lasaña del horno y colóquela en la encimera de la cocina. Deje reposar por unos 15 minutos, luego corte en 10 porciones iguales.

10. Deje enfriar ligeramente, luego cubra y refrigere por hasta 4 días. Vuelva a calentar antes de servir.

Datos nutricionales por porción:

Energía (calorías)	366	kcal
Proteína	46	g
Grasa	15	g

Meal Prep

Carbohidratos Netos	12	g
Fibra	4	g
Azúcares, total	6	g

Receta #5: Brochetas de pollo con pimiento morrón

Número de porciones: 4
Tamaño de la porción: 2 brochetas

Tiempo de preparación: 15 minutos
Tiempo de cocción: 12 minutos

Ingredientes:

- 2 lbs. de pechugas de pollo deshuesadas y sin piel
- 3 dientes de ajo, pelados y machacados
- 1 pimiento rojo grande, sin tallo, sin semillas y cortado en trozos del tamaño de un bocado
- 1 pimiento verde grande, sin tallo, sin semillas y cortado en trozos del tamaño de un bocado
- ¾ taza de aceite de oliva
- 2 ½ Cdas. de jugo de limón recién exprimido
- 1 cucharada de perejil fresco picado

- 2 ½ cdta. de cáscara de limón recién rallada
- Sal marina, al gusto
- Pimienta negra recién molida, al gusto

Instrucciones:

1. Si utiliza pinchos de madera, sumérjalos en agua helada.
2. Enjuague bien las pechugas de pollo, séquelas con toallas de papel y déjelas a un lado.
3. Picar las pechugas de pollo en trozos pequeños y reservar.
4. Combine ¼ taza de aceite de oliva con el ajo machacado y la cáscara de limón. Mezcle bien, luego añada el perejil con una pizca de sal y pimienta. Mezcle bien.
5. Coloque los cubos de pollo en la mezcla y revuelva varias veces para cubrirlos. Una vez mezclado, cubra y refrigere por hasta 12 horas para marinar.
6. Una vez listo para cocinar, combine el aceite de oliva restante con el jugo de limón y sazone al gusto con sal y pimienta.

7. Coloque la parrilla a temperatura media para precalentarla.
8. Haga brochetas con el pollo y los pimientos, alternandolos. Luego, cubra los kebabs con la mezcla de limón y aceite de oliva.
9. Ase el pollo y los pimientos en brochetas durante 10 minutos, volteando y rociando ocasionalmente. Una vez que el pollo esté cocido y los pimientos estén dorados, páselo a una fuente.
10. Deje que el pollo y los brochetas de pimiento se enfríen un poco, luego guárdelos en un recipiente hermético y refrigérelos hasta por 3 días. Vuelva a calentar antes de servir.

Datos nutricionales por porción:

Energía (calorías)	287	kcal
Proteína	52	g
Grasa	20	g
Carbohidratos Netos	4	g

Meal Prep

| Fibra | 0.5 | g |
| Azúcares, total | 1.4 | g |

Mark Evans

Receta #6: Camarones a la parrilla con ensalada de aguacate, tomate y cebolla

Número de porciones: 6
Tamaño de la porción: 1/6 de la receta

Tiempo de preparación: 20 minutos
Tiempo de cocción: 5 minutos

Ingredientes:

- 2 aguacates, sin hueso, pelados y cortados en cubos
- 2 lb. de camarones, pelados y desvenados
- ½ taza de tomate picado
- ½ taza de pimiento morrón picado
- ½ taza de cebolla picada
- 4 cucharadas de aceite de oliva
- 2 cdtas. de jugo de limón recién exprimido
- 1 cdta. de ajo en polvo
- 1 cdta. de sal marina fina
- ¼ cdta. de pimienta negra recién molida

Meal Prep

Instrucciones:

1. Coloque una parrilla a fuego medio-alto y caliente.
2. Mientras tanto, combine el ajo en polvo, la mitad de la sal y la pimienta, y el aceite de oliva en un tazón grande. Agregue los camarones y mezcle bien para cubrirlos. Deje a un lado.
3. En una ensaladera, combine el pimiento, el tomate, la cebolla, el aguacate y el jugo de limón. Sazone con el resto de la sal y mezcle suavemente para cubrir. Tape y refrigere hasta que esté listo para servir.
4. Cocine los camarones en la parrilla caliente por 3 minutos por cada lado, o hasta que estén bien cocidos.
5. Divida los camarones en porciones individuales, seguidas de la ensalada. Cubra y refrigere por hasta 3 días. Vuelva a calentar los camarones antes de servirlos.

Datos nutricionales por porción:

Energía (calorías)	409	kcal
Proteína	36	g

Grasa	25	g
Carbohidratos Netos	11	g
Fibra	5	g
Azúcares, total	5	g

Receta #7: Ensalada de atún al estilo mediterráneo

Número de porciones: 6

Tamaño de la porción: ½ taza

Tiempo de preparación: 15 minutos

Ingredientes:

- 300 gramos de endibias, separadas
- 15 oz. de atún blanco sólido envasado en aceite, tiene que escurrirlo
- 1 ½ tazas de queso en fetas desmenuzado
- ¾ taza de aceite de oliva extra virgen
- ¾ taza de pimientos rojos asados en dados
- 1/3 taza de aceitunas verdes en cuartos
- 1/3 taza de perejil fresco picado
- 1 ½ Cda. de jugo de limón recién exprimido
- 1 ½ Cucharada de alcaparras escurridas
- Hojuelas de pimiento rojo, al gusto
- Sal marina fina, al gusto

- Pimienta negra recién molida, al gusto

Instrucciones:

1. Colocar el atún en un bol y desmenuzarlo. Incorpore el queso en fetas, los pimientos rojos asados, las aceitunas verdes, las alcaparras, el perejil, el jugo de limón y el aceite de oliva. Mezcle bien.
2. Sazone la mezcla de atún al gusto con sal, pimienta y hojuelas de pimiento rojo y luego mezcle bien para combinar todo.
3. Dividir la ensalada en seis porciones iguales en recipientes herméticos y luego agregar las hojas de endibia. Cubra y refrigere por hasta 3 días. Servir frío.

Datos nutricionales por porción:

Energía (calorías)	352	kcal
Proteína	25	g
Grasa	26	g
Carbohidratos Netos	5	g

Meal Prep

Fibra	2	g
Azúcares, total	3	g

Mark Evans

Receta #8: Macarrones cremosos de cauli y queso

Número de porciones: 4

Tamaño de la porción: ¼ de la receta

Tiempo de preparación: 10 minutos

Tiempo de cocción: 30 minutos

Ingredientes:

- 1 cabeza pequeña de coliflor, cortada en pequeños ramilletes
- ½ taza de crema espesa
- ½ taza de queso Cheddar rallado
- ¼ taza de queso mozzarella rallado
- ¼ taza de queso parmesano rallado
- ¼ taza de cubitos de queso crema
- ½ cdta. de sal marina fina
- ¼ cdta. de ajo picado
- 1/8 cucharadita de pimienta negra recién molida

Meal Prep

- Aceite antiadherente en aerosol, según sea necesario

Instrucciones:

1. Ajuste el horno a 400 grados F para precalentarlo.
2. Llene una olla pequeña con agua, cúbrala y póngala a fuego alto. Poner a hervir y añadir ¼-cucharadita de sal.
3. Añadir los ramilletes de coliflor al agua hirviendo y hervir durante unos 3 minutos. Escurra y coloque en una bandeja forrada con toallas de papel y deje a un lado.
4. Coloque una sartén a fuego medio y agregue la crema espesa. Deje hervir a fuego lento, luego agregue el queso crema hasta que esté suave.
5. Agregue el queso Cheddar, el ajo y el queso mozzarella y revuelva hasta que se derrita.
6. Apagar el fuego y mezclar con la coliflor. Revuelva hasta que la coliflor esté completamente cubierta. Sazone con sal y pimienta.
7. Cubra ligeramente una bandeja pequeña para hornear con rocío de cocina

antiadherente. Agregue la coliflor y la mezcla de queso, luego espolvoree el queso parmesano por encima.

8. Hornee los macarrones con queso durante 15 minutos o hasta que estén dorados.

9. Colocar en una rejilla de enfriamiento y dejar enfriar ligeramente. Corte en cuatro porciones iguales, luego cubra y refrigere por hasta 3 días. Vuelva a calentar antes de servir.

Datos nutricionales por porción:

Energía (calorías)	198	kcal
Proteína	10	g
Grasa	17	g
Carbohidratos Netos	3	g
Fibra	0.9	g
Azúcares, total	2	g

Receta #9: Lomo de cerdo con hierbas balsámicas

Número de porciones: 2

Tamaño de la porción: ½ de la receta

Tiempo de preparación: 15 minutos

Tiempo de cocción: 20 minutos

Ingredientes:

- ¾ lb. de lomo de cerdo, cortado en medallones de 1 ½ pulgada de grosor
- 1 diente de ajo, pelado y picado
- 1 chalote pequeño, picado
- 3 cucharadas de mantequilla
- 2 cucharadas de vinagre balsámico
- 1 ½ Cucharada de aceite de oliva
- ¾ cdta. de salsa de soja
- 3 ramitas de romero fresco
- 3 ramitas de tomillo fresco
- Sal marina, al gusto
- Pimienta negra recién molida, al gusto

Instrucciones:

1. Ajuste el horno a 475 grados F para precalentarlo.
2. Seque los medallones de cerdo con toallas de papel y sazone con sal y pimienta.
3. Coloque una sartén para horno a fuego medio-alto y caliente. Una vez caliente, agregue el aceite de oliva y ¾ cucharada de mantequilla y luego revuelva para cubrir.
4. Añadir el ajo y la chalota y saltear hasta que estén perfumados. Añadir los medallones de cerdo y dejar cocer 2 minutos por cada lado.
5. Agregue el vinagre balsámico, la salsa de soya, el tomillo, el romero y el resto de la mantequilla. Revuelva bien para combinar, luego ponga la mezcla sobre el cerdo con una cuchara.
6. Cocine a fuego lento por 2 minutos, luego hornee por 5 minutos.
7. Después de 5 minutos, voltee los medallones de cerdo y cocine por 5 minutos adicionales, o hasta que la temperatura interna del cerdo sea de 150 grados F.

8. Transfiera el cerdo a una fuente y deje reposar por 3 minutos. Luego, divida en porciones individuales y sirva con una cuchara la salsa por encima. Cubra y refrigere por hasta 3 días.

Datos nutricionales por porción:

Energía (calorías)	508	kcal
Proteína	45	g
Grasa	34	g
Carbohidratos Netos	4	g
Fibra	0.1	g
Azúcares, total	3	g

Mark Evans

Receta #10: Spaghetti con albóndigas a las finas hierbas al estilo keto

Número de porciones: 6

Tamaño de la porción: 1/6 de la receta

Tiempo de preparación: 20 minutos

Tiempo de cocción: 30 minutos

Ingredientes:

- 1 o 2 espaguetis de calabaza mediana o extra grande
- ¾ taza de perejil fresco picado
- 4 ½ Cucharada de agua
- 3 cucharadas de aceite de oliva

Para las albóndigas a las finas hierbas

- 2 dientes de ajo, pelados y picados
- ¾ lb. de carne molida magra al 80 por ciento
- ¾ lb. de carne de cerdo molida
- 1 ½ taza de salsa orgánica para pasta, sin azúcar añadido

Meal Prep

- ¾ taza de queso parmesano rallado
- 3 cucharadas de orégano fresco picado
- 3 cucharadas de albahaca fresca picada
- ¾ cdta. de cebolla en polvo
- 1/3 cucharadita de sal marina fina
- 1/3 cucharadita de pimienta negra recién molida

Instrucciones:

1. Partir por la mitad la calabaza a lo largo. Saque las semillas y deséchelas, luego colóquelas en un plato apto para microondas, con el lado cortado hacia abajo. Cocine en el microondas durante 12 minutos a temperatura alta.
2. Con cuidado, extraiga la mezcla de calabaza de las cáscaras con un tenedor grande y pásela a un recipiente.
3. Coloque una sartén a fuego medio-alto y caliente. Añada 1 ½ cucharadas de aceite de oliva y revuelva para cubrir.
4. Agregue la calabaza y revuelva bien hasta que esté dorada. Transfiera a un tazón y doble 1/3 de taza de perejil. Deje a un lado.

5. Vierta el perejil restante en un tazón grande, luego mezcle el cerdo, la carne de res, el orégano, la albahaca, el ajo, la cebolla en polvo, 1/3 de taza de queso parmesano, y sal y pimienta. Mezclar bien con las manos limpias.
6. Divida la mezcla en 18 bolas de igual tamaño, luego colóquelas en un plato.
7. Coloque una sartén a fuego medio-alto y caliente a través de ella. Una vez caliente, agregue el aceite de oliva restante y revuélvalo para cubrirlo.
8. Cocine las albóndigas, en tandas, si es necesario, durante 2 minutos por cada lado, o hasta que estén bien cocidas.
9. Una vez que todas las albóndigas estén cocidas, regréselas a la sartén y añada la salsa para pastas. Deje hervir a fuego lento, luego revuelva. Cocine a fuego lento durante 15 minutos.
10. Divida la calabaza en porciones individuales y luego divida las albóndigas también. Espolvoree con el queso parmesano restante y deje enfriar un poco. Cubra y refrigere por hasta 3 días. Vuelva a calentar antes de servir.

Meal Prep

Datos nutricionales por porción:

Energía (calorías)	460	kcal
Proteína	43	g
Grasa	28	g
Carbohidratos Netos	11	g
Fibra	1	g
Azúcares, total	9	g

Mark Evans

Receta #11: Ensalada primavera con sardina

Número de porciones: 3

Tamaño de la porción: 1/3 de la receta

Tiempo de preparación: 15 minutos

Ingredientes:

- 1 pepino, cortado en cuartos y luego en cubos
- 2 tomates grandes, cortados en cubos
- 1 cebolla roja pequeña, pelada y picada
- 2 filetes de sardina envasados en aceite, escurridos y picados
- 2 filetes de sardina envasados en aceite, escurridos
- 2 tazas de hojas de rúcula, picadas
- ¼ taza de perejil fresco picado de hoja plana

Para el aderezo:

- 2 cucharadas de aceite de oliva extra virgen

- ½ Cdas. de jugo de limón recién exprimido
- Sal marina, al gusto
- Pimienta negra recién molida, al gusto

Instrucciones:

1. Mezclar los ingredientes del aderezo en un bol y reservar.
2. Mezcle las sardinas picadas, las verduras y las hierbas en un tazón. Mezcle bien, luego divida en porciones individuales.
3. Divida los filetes enteros de sardina entre las porciones.
4. Rocíe el aderezo sobre las ensaladas, luego cubra y refrigere hasta por 3 días.

Datos nutricionales por porción:

Energía (calorías)	150	kcal
Proteína	6	g
Grasa	11	g
Carbohidratos Netos	8	g
Fibra	2	g

Azúcares, total 5 g

Receta #12: Dedos de pollo a la parmesana con finas hierbas

Número de porciones: 6

Tamaño de la porción: 4 dedos de pollo

Tiempo de preparación: 15 minutos

Tiempo de cocción: 30 minutos

Ingredientes:

- 2 lbs. de pechuga de pollo deshuesada y sin piel
- 4 dientes de ajo, pelados y picados
- 4 oz. de mantequilla
- 1 taza de queso parmesano recién rallado
- 2 cucharadas de tomillo fresco picado
- 1 cdta. de hojuelas de chile picante
- Sal marina, al gusto
- Pimienta negra recién molida, al gusto
- Aceite antiadherente en aerosol

Instrucciones:

1. Ajuste el horno a 350 grados F para precalentarlo. Cubra ligeramente una bandeja para hornear con rocío de cocina antiadherente y colóquela a un lado.
2. Coloque una cacerola a fuego medio y caliente. Agregue la mantequilla y revuelva hasta que se derrita.
3. Revuelva el ajo en la cacerola y saltee hasta que esté fragante. Retirar del fuego y reservar durante 15 minutos.
4. Mezcle el tomillo, el queso parmesano, el chile y una pizca de sal y pimienta. Revuelva bien para combinar y luego deje a un lado.
5. Enjuague bien la pechuga de pollo y séquela con toallas de papel. Corte en 24 dedos, luego cubra con la mezcla de mantequilla de ajo.
6. Colocar las varitas de pollo en la mezcla de queso y colocarlas en la bandeja para hornear.
7. Hornee durante 25 a 30 minutos, o hasta que los dedos de pollo estén dorados y bien cocidos.
8. Transfiera los dedos de pollo a una rejilla de enfriamiento y deje que se enfríen por

completo. Almacene en un contenedor hermético y refrigere hasta por 3 días. Vuelva a calentar antes de servir.

Datos nutricionales por porción:

Energía (calorías)	370	kcal
Proteína	40	g
Grasa	20	g
Carbohidratos Netos	6	g
Fibra	0.2	g
Azúcares, total	0.2	g

Mark Evans

Receta #13: Ensalada de jamón, cebolla y judías verdes

Número de porciones: 3

Tamaño de la porción: 1/3 de la receta

Tiempo de preparación: 15 minutos

Ingredientes:

- ½ lb. de frijoles verdes recortados, cocidos al vapor
- 1 cebolla blanca pequeña, pelada y picada
- 1 pimiento rojo asado, escurrido y cortado en cubitos
- 1 oz. Jamón español, picado
- 1 huevo duro pequeño, picado
- 2 ½ Cdas. de perejil fresco de hoja plana
- 2 cucharadas de aceite de oliva extra virgen
- 1 ½ Cucharada de vinagre de vino tinto
- Sal marina, al gusto
- Pimienta negra recién molida, al gusto

Meal Prep

Instrucciones:

1. Enjuagar y escurrir las judías verdes al vapor. Seque con toallas de papel y deje a un lado.
2. Mezclar el aceite de oliva, el vinagre y un chorrito de sal y pimienta. Mezcle bien.
3. Divida los ejotes en porciones individuales, seguidas de la cebolla picada, el jamón, los pimientos, el huevo y el perejil. Añada el aderezo.
4. Cubra y refrigere por hasta 2 días. Vuelva a calentar antes de servir, si lo desea.

Datos nutricionales por porción:

Energía (calorías)	102	kcal
Proteína	4	g
Grasa	8	g
Carbohidratos Netos	5	g
Fibra	2	g
Azúcares, total	2	g

Receta #14: Hamburguesas de Aguacate con Queso

Número de porciones: 2

Tamaño de la porción: 1 hamburguesa

Tiempo de preparación: 15 minutos

Tiempo de cocción: 10 minutos

Ingredientes:

- ½ lb. de carne molida magra al 85 por ciento
- 1 aguacate pequeño, deshuesado y pelado
- 2 rebanadas de queso amarillo cheddar
- Sal marina, al gusto
- Pimienta negra recién molida, al gusto

Instrucciones:

1. Precaliente la parrilla a temperatura alta.
2. Divida la carne molida en dos hamburguesas del mismo tamaño. Sazone con sal y pimienta.

3. Ase o ase las hamburguesas de carne por aproximadamente 5 minutos por cada lado, o hasta que estén bien cocidas.
4. Transfiera las hamburguesas a una fuente y añada el queso. Para almacenar, envuélvalo en papel de aluminio y refrigérelo hasta por 3 días.
5. Justo antes de servir, caliente la hamburguesa en el microondas. Corte el aguacate en tiras finas y colóquelas encima de la hamburguesa. Sirva caliente, preferiblemente con una ensalada baja en carbohidratos.

Datos nutricionales por porción:

Energía (calorías)	568	kcal
Proteína	38	g
Grasa	43	g
Carbohidratos Netos	9	g
Fibra	7	g
Azúcares, total	0.74	g

Mark Evans

Receta #15: Salchicha con queso, champiñones y espaguetis con cazuela de calabaza

Número de porciones: 10

Tamaño de la porción: 1/10 de la receta

Tiempo de preparación: 30 minutos

Tiempo de cocción: 1 hora ½

Ingredientes:

- 1 espagueti grande de calabaza
- 1 cebolla grande, pelada y picada
- ½ lb. de carne molida orgánica magra al 80 por ciento
- ½ lb. salchicha italiana
- ½ lb. salchicha de pollo o pavo
- ½ lb. de hongos en rodajas
- 18 oz. de tomates picados
- 8 oz. de queso parmesano recién rallado
- 6 oz. de pasta de tomate orgánica
- 4 oz. de queso mozzarella

- 4 oz. de queso ricotta
- ½ taza de mantequilla
- ½ taza de vino tinto
- ½ cdta. de sal marina
- ½ cdta. de pimienta negra recién molida

Instrucciones:

1. Ajuste el horno a 350 grados F para precalentarlo.
2. Perforar los espaguetis por todas partes con un cuchillo y luego colocarlos en el microondas y ponerlos a temperatura alta durante unos 20 minutos.
3. Derrita la mantequilla en una sartén a fuego medio-alto. Saltee la carne molida y las salchichas hasta que estén bien cocidas y desmenuzadas.
4. Añada el vino tinto y cocine a fuego lento hasta que el líquido se reduzca. Luego, agregue la cebolla y el ajo. Saltee hasta que estén tiernos.
5. Añada los hongos y saltee hasta que estén tiernos. Agregue los tomates cortados en

dados, la pasta de tomate y los condimentos. Saltee hasta que se mezclen.
6. Partir por la mitad la calabaza de los espaguetis y raspar la carne. Deje a un lado.
7. Esparza la mitad de la calabaza de espagueti en una fuente para hornear y luego agregue 2 onzas de mozzarella y ricotta, seguidas de 4 onzas de parmesano.
8. Ponga un poco de salsa de tomate encima y luego agregue el resto de la calabaza. Añada el resto de los quesos y cubra el plato.
9. Hornee durante 20 minutos, luego destape y hornee durante 20 minutos más.
10. Poner el horno a asar y asar la cazuela por 3 minutos, o hasta que la parte superior esté dorada y crujiente.
11. Colóquelo en una rejilla de enfriamiento y déjelo reposar durante 15 minutos. Corte en 10 porciones iguales, luego cubra y refrigere por hasta 5 días. Vuelva a calentar antes de servir.

Datos nutricionales por porción:

Meal Prep

Energía (calorías)	402	kcal
Proteína	31	g
Grasa	24	g
Carbohidratos Netos	15	g
Fibra	2	g
Azúcares, total	2	g

Capítulo 5 - Meal Prep: recetas para la cena al estilo keto

Receta #1: Huevos endiablados con tocino picado

Número de porciones: 6

Tamaño de la porción: 3 mitades de huevos rellenos

Tiempo de preparación: 5 minutos

Tiempo de cocción: 15 minutos

Ingredientes:

- 9 huevos grandes
- 6 rebanadas de tocino, picado
- 2 ¼ Cdas. mayonesa
- 1 ½ Cucharada de mostaza
- ¾ tsp. paprika
- 1/6 cucharadita de sal marina fina

Meal Prep

- 1/6 cucharadita de pimienta negra recién molida

Instrucciones:

1. Coloque los huevos en una olla y agregue suficiente agua para cubrirlos aproximadamente una pulgada. Tape y coloque sobre fuego alto. Lleve a ebullición.
2. Una vez que hierva, reduzca a fuego lento, luego cocine por 3 minutos. Apague el fuego y mantenga los huevos en el agua caliente.
3. Mientras tanto, coloque una sartén grande a fuego medio-alto. Una vez caliente, agregue el tocino y cocine hasta que esté crujiente.
4. Transfiera el tocino a un plato forrado con toallas de papel y deje escurrir.
5. Sacar los huevos del agua y transferirlos a un recipiente con agua fría. Una vez que estén frías al tacto, pélelas cuidadosamente.
6. Cortar los huevos duros a la mitad con cuidado, luego sacar las yemas y colocarlas

en un bol. Colocar las mitades, con el lado cortado hacia arriba, en una bandeja y reservar.

7. Triturar las yemas junto con la mostaza, la mayonesa, la sal y la pimienta. Añadir 1/3 cucharadita de pimentón y mezclar bien.
8. Cortar en dados el tocino crujiente escurrido. Vierta 1/3 de taza de tocino picado en el tazón de la mezcla de yema y revuelva bien.
9. Coloque la mezcla de yema entre las claras de huevo cortadas a la mitad y luego divida el tocino reservado entre ellas.
10. Espolvorear con pimentón y servir. Guarde los huevos rellenos extra en un recipiente hermético y refrigérelos hasta por 3 días.

Datos nutricionales por porción:

Energía (calorías)	283	kcal
Proteína	20	g
Grasa	21	g

Meal Prep

Carbohidratos Netos	3	g
Fibra	0.5	g
Azúcares, total	2	g

Receta #2: Ensalada caesar al estilo keto

Número de porciones: 6

Tamaño de la porción: 2 tazas

Tiempo de preparación: 15 minutos

Ingredientes:

- 12 tazas de lechuga romana picada
- 1/3 taza de aceite de oliva extra virgen
- 1/3 taza de queso parmesano recién rallado
- 3 cucharadas de jugo de limón recién exprimido
- 1 ½ Cucharada de mayonesa
- 1/3 cucharadita de pasta de anchoa
- 1/3 cucharadita de ajo en polvo
- Pimienta negra recién molida, al gusto

Instrucciones:

1. Mezcle el jugo de limón, el aceite de oliva, la pasta de anchoas, el ajo en polvo y la

mayonesa en un recipiente hermético. Bata bien hasta que se mezclen bien. Divida en 6 porciones iguales en pequeños recipientes herméticos y refrigere hasta por 3 días.
2. En un recipiente grande, mezcle la lechuga y el queso parmesano. Sazone ligeramente con pimienta negra y revuelva para cubrir. Dividir en 6 contenedores herméticos, luego tapar y refrigerar hasta por 3 días.
3. Justo antes de servir, agregue el aderezo a la ensalada. Revuelva para cubrir y sirva de inmediato.

Datos nutricionales por porción:

Energía (calorías)	93	kcal
Proteína	3	g
Grasa	7	g
Carbohidratos Netos	6	g
Fibra	2	g
Azúcares, total	1	g

Receta #3: Queso frito con cuñas de aguacate

Número de porciones: 4

Tamaño de la porción: ¼ de la receta

Tiempo de preparación: 5 minutos

Tiempo de cocción: 10 minutos

Ingredientes:

- 2 huevos pequeños
- 1 aguacate grande
- 1/3 de taza de corteza de cerdo molida
- 1/3 taza de queso parmesano rallado
- 1 ½ Cucharada de crema espesa
- 1/3 cucharadita de ajo en polvo
- 1/3 cucharadita de cebolla en polvo
- 1/3 cucharadita de sal marina fina
- 1/3 cucharadita de pimienta negra recién molida
- Aceite de girasol, según sea necesario

Meal Prep

Instrucciones:

1. Coloque una sartén para servicio pesado sobre fuego medio y agregue aproximadamente 1 pulgada de aceite. Caliente el aceite a 375 grados F.
2. Mientras tanto, bata los huevos en un tazón pequeño y mezcle hasta que estén suaves.
3. Cortar el aguacate por la mitad con cuidado y luego desechar el hueso. Sacar la carne con una cuchara y luego cortarla en cuñas de ½ pulgadas de grosor.
4. Sazonar los trozos de aguacate con sal y pimienta y reservar.
5. En un plato, combine las cortezas de cerdo, la cebolla y el ajo en polvo, y el queso parmesano. Mezcle bien.
6. Sumerja las cuñas de aguacate en la mezcla de huevo, luego escurra y drague en la corteza de cerdo y la mezcla de queso parmesano hasta que estén completamente cubiertas.
7. Añada las cuñas recubiertas en el aceite caliente y cocine por 1 minuto por cada lado, o hasta que estén doradas.

8. Transfiera las cuñas a un plato forrado con toallas de papel y deje escurrir. Deje enfriar un poco, luego transfiera a un recipiente hermético y refrigere hasta por 2 días. Vuelva a calentar antes de servir en aceite caliente, si lo desea.

Datos nutricionales por porción:

Energía (calorías)	179	kcal
Proteína	8	g
Grasa	14	g
Carbohidratos Netos	6	g
Fibra	3	g
Azúcares, total	0.5	g

Receta #4: Beef simple con chile

Número de porciones: 3

Tamaño de la porción: ½ taza

Tiempo de preparación: 15 minutos

Tiempo de cocción: 1 hora

Ingredientes:

- 1 cebolla amarilla pequeña, pelada y cortada en cubitos
- 1 lb. de carne molida al 85 por ciento
- 2 tazas de caldo de res orgánico
- ¼ taza de aceite de oliva extra virgen
- 2 cucharadas de harina de linaza
- 1 cucharada de chile en polvo
- 1 cdta. de orégano seco
- ½ cdta. de semillas de comino
- ¼ cucharadita de ajo en polvo
- Sal marina, al gusto
- Pimienta negra recién molida, al gusto

Instrucciones:

1. Coloque una olla de alta resistencia sobre fuego alto y caliente. Una vez caliente, agregar la carne y la cebolla y saltear hasta que la carne esté dorada.
2. Agregue el chile en polvo, el orégano, las semillas de comino y el ajo en polvo y luego saltee hasta que se mezclen.
3. Vierta el caldo de res, la harina de linaza y el aceite de oliva. Revuelva para combinar y luego hierva.
4. Una vez hervido, reduzca a fuego medio-alto y cocine a fuego lento, parcialmente cubierto, durante 1 hora o hasta que el chile esté espeso.
5. Retire del fuego y cubra. Deje enfriar, luego transfiera a contenedores herméticos y refrigere hasta por 3 días. Vuelva a calentar y sazone al gusto con sal y pimienta antes de servir.

Datos nutricionales por porción:

Energía (calorías)	567	kcal
Proteína	41	g

Meal Prep

Grasa	36	g
Carbohidratos Netos	18	g
Fibra	3	g
Azúcares, total	0.3	g

Receta #5: Carne asada baja en carbohidratos

Número de porciones: 3

Tamaño de la porción: 1/3 de la receta

Tiempo de preparación: 35 minutos

Tiempo de cocción: 5 horas

Ingredientes:

- 2 ½ lb. De carne de cerdo para asado
- 1 cebolla pequeña, pelada y cortada en cuartos
- 1 diente de ajo grande, pelado
- 1 ramita de tomillo fresco
- 1 nabo pelado y picado
- 1 ½ tazas de caldo de res
- 1 taza de rábanos cortados por la mitad
- 2 cucharadas de crema espesa
- 1 ½ Cucharada de aceite de oliva
- Sal marina, al gusto

Meal Prep

- Pimienta negra recién molida, al gusto

Instrucciones:

1. Ajuste el horno a 475 grados F.
2. Sazone todo el cerdo con sal y pimienta.
3. Poner un horno holandés a fuego alto y añadir el aceite de oliva. Remuévalo para cubrirlo, luego dore todo el asado y déjelo a un lado.
4. Saltee la cebolla en la misma olla hasta que esté dorada y pásela al tazón con el asado de olla.
5. Agregue el caldo de res, el ajo y el tomillo y mezcle bien. Devuelva el asado y la cebolla, luego agregue los rábanos y los nabos.
6. Coloque la olla, sin tapar, en el horno y colóquela a 400 grados F. Cocine durante 4 a 5 horas, o hasta que la temperatura interna de la olla esté a 130 grados F.
7. Sacar el asado de la olla y dejar enfriar. Luego, transfiera las verduras a un tazón.
8. Coloque una cacerola a fuego medio y agregue el líquido del horno holandés. Agregue la crema espesa y deje hervir. Luego, reduzca a fuego lento.

9. Corte el asado en rodajas finas y divídalo en porciones individuales. Divida las verduras y la salsa también, luego deje que se enfríen un poco. Cubra y refrigere por hasta 3 días.

Datos nutricionales por porción:

Energía (calorías)	521	kcal
Proteína	69	g
Grasa	25	g
Carbohidratos Netos	6	g
Fibra	4	g
Azúcares, total	4	g

Meal Prep

Receta #6: Miso de res y calabacines tiernos

Número de porciones: 2

Tamaño de la porción: ½ de la receta

Tiempo de preparación: 15 minutos

Tiempo de cocción: 15 minutos

Ingredientes:

- ½ lb. bistec de falda de res
- ½ lb. calabacín, en juliana
- 3 oz. de mantequilla, a temperatura ambiente
- 2 cucharadas de agua
- ¼ Cdas. de aceite de sésamo tostado
- 2 cdtas. de pasta de miso blanca
- Sal marina, al gusto
- Pimienta negra recién molida, al gusto

Instrucciones:

1. Precaliente la parrilla a temperatura alta.
2. En un recipiente, mezcle la pasta de miso y la mantequilla hasta que estén bien mezcladas. Cubra y luego deje a un lado.
3. Seque el bistec de falda con toallas de papel y sazone con sal y pimienta.
4. Ase el bistec de falda a la parrilla hasta que la temperatura interna sea de al menos 160 grados F, o hasta que la carne esté bien cocida.
5. Transfiera la carne a una hoja de papel de aluminio y deje reposar por unos 10 minutos.
6. Poner el calabacín en juliana en un bol y añadir 2 cucharadas de agua. Tape y cocine al vapor por 2 minutos o hasta que el calabacín esté ligeramente tierno.
7. Escurrir el calabacín y añadir el aceite de sésamo. Revuelva para abrigar.
8. Corte la carne en rodajas muy finas y divídala en dos porciones. Colóquelo en un recipiente hermético.
9. Divida los calabacines y añádalos a un lado. Ponga la mezcla de mantequilla en la parte superior, luego cúbrala y refrigérela

hasta por 3 días. Vuelva a calentar en el microondas antes de servir.

Datos nutricionales por porción:

Energía (calorías)	511	kcal
Proteína	28	g
Grasa	43	g
Carbohidratos Netos	5	g
Fibra	2	g
Azúcares, total	0.3	g

Mark Evans

Receta #7: Bacalao con mantequilla de ajo adobado con bok choy

Número de porciones: 3

Tamaño de la porción: 1 filete de bacalao

Tiempo de preparación: 5 minutos

Tiempo de cocción: 20 minutos

Ingredientes:

- 3 filetes de bacalao, 8 oz. cada uno
- ¾ lb. baby bok choy, reducido a la mitad
- 1/3 de taza de mantequilla cortada en rodajas finas
- 1 ½ Cucharada de ajo picado
- Sal marina, al gusto
- Pimienta negra recién molida, al gusto

Instrucciones:

1. Ajuste el horno a 400 grados F para precalentarlo.

2. Corte 3 hojas de papel de aluminio, cada una lo suficientemente grande para cubrir completamente un filete de bacalao.
3. Coloque un filete de bacalao en cada lámina de papel de aluminio y luego agregue la mantequilla y el ajo. Añadir el bok choy y sazonar todo con sal y pimienta.
4. Doble las bolsas y engarce los bordes. Colóquelo en una bandeja para hornear.
5. Hornee durante 20 minutos y luego transfiera a una rejilla de enfriamiento. Deje enfriar un poco y luego refrigere hasta por 3 días. Vuelva a calentar en el horno antes de servir.

Datos nutricionales por porción:

Energía (calorías)	355	kcal
Proteína	37	g
Grasa	21	g
Carbohidratos Netos	3	g
Fibra	1	g
Azúcares, total	1	g

Receta #8: Sopa cremosa de pollo

Número de porciones: 4
Tamaño de la porción: 1 taza

Tiempo de preparación: 15 minutos
Tiempo de cocción: 20 minutos

Ingredientes:

- 1 cebolla amarilla grande, pelada y cortada en cubitos
- 2 tazas de caldo de pollo orgánico
- 1 taza de pechuga de pollo cocida cortada en cubos
- ½ taza de nueces de macadamia
- ½ taza de agua
- ½ taza de apio en rodajas
- ¼ taza de zanahoria picada
- ¼ taza de aceite de oliva
- Sal marina, al gusto
- Hierbas secas de Provenza, al gusto

Meal Prep

Instrucciones:

1. Coloque una cacerola a fuego medio y caliente. Una vez caliente, agregue el aceite de oliva y revuelva para cubrirlo.
2. Saltee la cebolla, la zanahoria y el apio hasta que la cebolla esté translúcida. Luego, agregue las nueces de macadamia y el caldo de pollo.
3. Deje hervir a fuego lento, y cocine hasta que la zanahoria esté tierna.
4. Apague el fuego y deje que la mezcla se enfríe ligeramente. Luego, mezcle con una batidora de inmersión o una batidora de alta potencia hasta que esté suave y las nueces de macadamia estén hechas puré. Vuelva a verter la mezcla en la cacerola.
5. Añada ½ taza de agua a la sopa y revuelva bien para combinar. Vuelva a calentar a fuego medio . Agregue el pollo y revuelva hasta que se recaliente.
6. Sirva la sopa en tazones individuales y deje que se enfríe un poco. Cubra y refrigere por hasta 3 días. Vuelva a calentar antes de servir.

Datos nutricionales por porción:

Energía (calorías)	325	kcal
Proteína	14	g
Grasa	28	g
Carbohidratos Netos	7	g
Fibra	3	g
Azúcares, total	3	g

Receta #9: Fletán de sésamo al jenjibre

Número de porciones: 3
Tamaño de la porción: 1 filete de fletán

Tiempo de preparación: 20 minutos
Tiempo de cocción: 20 minutos

Ingredientes:

- 3 filetes de fletán de Alaska, de 8 onzas cada uno
- 1 ½ Cucharada de jengibre fresco picado
- 1 ½ cdta. de salsa de soja
- 1 ½ cdta. de aceite de oliva
- ¾ cdta. de aceite de ajonjolí
- ¾ cucharadita de vinagre de vino de arroz

Instrucciones:

1. Ajuste el horno a 400 grados F para precalentarlo. Forre una bandeja para

hornear con papel de aluminio y déjela a un lado.
2. Combine los aceites de sésamo y de oliva en un tazón, luego agregue el vinagre de arroz, la salsa de soya y el jengibre.
3. Añadir los filetes de pescado y voltear varias veces para cubrirlos.
4. Coloque los filetes de pescado en la bandeja para hornear. Hornee durante 17 minutos o hasta que esté listo.
5. Cubra cada filete de pescado con papel de aluminio y refrigere hasta por 3 días, o congele hasta por 2 semanas. Vuelva a calentar antes de servir.

Datos nutricionales por porción:

Energía (calorías)	237	kcal
Proteína	33	g
Grasa	35	g
Carbohidratos Netos	1	g
Fibra	0.1	g
Azúcares, total	0.6	g

Meal Prep

Receta #10: Estofado de carne de res y champiñones

Número de porciones: 3

Tamaño de la porción: ½ de la receta

Tiempo de preparación: 15 minutos

Tiempo de cocción: 50 minutos

Ingredientes:

- ½ lb. de carne de guiso, picada en cubos de 1 pulgada
- ½ lb. de champiñones Portobello en rodajas
- 1 oz. de mantequilla
- 2 tazas de caldo de res orgánico
- ¼ taza de aceite de oliva extra virgen
- ¼ taza de cebolla picada
- 2 cucharadas de perejil fresco picado
- ½ Cucharada de harina de linaza
- ½ cucharadita de ajo picado
- ½ cdta. de tomillo seco

- 1 hoja de laurel
- Sal marina, al gusto
- Pimienta negra recién molida, al gusto

Instrucciones:

1. Coloque una olla de alta resistencia a fuego medio-alto y caliéntela. Una vez caliente, agregue la mantequilla y el aceite de oliva y revuelva para cubrir.
2. Añadir la carne y saltear hasta que todos los lados estén dorados. Luego, agregue el champiñón y la cebolla. Saltee hasta que el hongo esté tierno y la cebolla esté translúcida.
3. Vierta el caldo, el ajo, el laurel, el tomillo y la harina de linaza y revuelva para combinar. Mezclar bien y llevar a ebullición.
4. Una vez hirviendo, reduzca a fuego lento, tape y cocine a fuego lento por 45 minutos, o hasta que la carne esté más tierna.
5. Después de 1 hora, deseche la hoja de laurel. Desmenuzar la carne con dos tenedores e incorporar el perejil. Divida en

dos recipientes herméticos y refrigere hasta por 3 días. Vuelva a calentar antes de servir.

Datos nutricionales por porción:

Energía (calorías)	430	kcal
Proteína	25	g
Grasa	28	g
Carbohidratos Netos	19	g
Fibra	3	g
Azúcares, total	2	g

Receta #11: Pizza de queso de cabra y cebolla ahumada

Número de porciones: 4

Tamaño de la porción: 1/8 por porción

Tiempo de preparación: 20 minutos

Tiempo de cocción: 12 minutos

Ingredientes:

- 8 claras de huevo grandes
- 2 dientes de ajo, picados
- 1 ½ tazas de queso de cabra desmenuzado
- 1 taza de cebolla amarilla picada
- ½ taza de leche de coco
- ¼ taza de harina de coco
- 4 cucharadas de salsa de barbacoa orgánica, sin azúcar
- ¼ cucharadita de polvo de hornear
- ½ cdta. de cebolla en polvo
- ½ cucharadita de ajo en polvo
- Pimienta negra recién molida, al gusto

Instrucciones:

1. Ajuste el horno a 425 grados F para precalentarlo.
2. Mezcle la harina de coco, el polvo de hornear y el ajo y la cebolla en polvo en un tazón grande.
3. Agregue las claras de huevo y la leche de coco y revuelva hasta que estén suaves.
4. Coloque una sartén a fuego medio-alto y caliente. Una vez caliente, añadir ¼ de la mezcla e inclinar hasta que se forme una "masa de pizza" plana.
5. Cocine por 2 minutos por cada lado, o hasta que se doren. Transfiera a una bandeja para hornear y repita con el resto de la masa.
6. Divida la salsa de barbacoa entre las cortezas de la pizza y cubra con cebolla, ajo, queso de cabra y un chorrito de pimienta negra.
7. Hornee las pizzas durante 5 minutos o hasta que el queso se derrita.
8. Transfiera a una rejilla de enfriamiento y deje enfriar. Luego, envuélvalo en papel de

aluminio y refrigérelo hasta por 3 días o congélelo hasta por 2 semanas. Vuelva a calentar en el horno o en el microondas antes de servir.

Datos nutricionales por porción:

Energía (calorías)	565	kcal
Proteína	36	g
Grasa	38	g
Carbohidratos Netos	13	g
Fibra	4	g
Azúcares, total	8	g

Receta #12: Sopa de calabaza con nuez de maracuyá salada

Número de porciones: 4

Tamaño de la porción: ¾ taza

Tiempo de preparación: 15 minutos

Tiempo de cocción: 30 minutos

Ingredientes:

- ½ lb. de calabaza butternut, pelada, sin semillas y cortada en cubos
- 1 hoja de laurel
- 2 dientes de ajo, pelados y picados
- 2 tazas de caldo de pollo orgánico
- ¼ taza de crema espesa al 36 por ciento
- 2 ½ Cdas. de aceite de oliva
- ½ cdta. de sal marina fina

Instrucciones:

1. Coloque una cacerola a fuego medio y caliente. Una vez caliente, agregue ½

cucharada de aceite de oliva y revuelva para cubrir.

2. Revuelva la calabaza y el ajo en la cacerola y sofría durante unos 5 minutos o hasta que el ajo esté ligeramente tostado.
3. Vierta el caldo de pollo en la cacerola junto con el resto del aceite de oliva. Añada la hoja de laurel, y luego hierva. Una vez que hierva, reduzca a fuego lento.
4. Cocine la mezcla a fuego lento durante unos 20 minutos o hasta que la calabaza esté completamente tierna.
5. Saque y deseche la hoja de laurel, luego apague el fuego y deje que se enfríe un poco. Una vez enfriado, mezcle con una batidora de inmersión o una batidora de alta potencia hasta que esté suave.
6. Vierta la crema y mezcle de nuevo hasta que esté suave. Luego, regrese a la cacerola y vuelva a calentar a fuego medio-bajo.
7. Sazone la sopa al gusto con sal y divida en porciones individuales. Deje que se enfríe un poco y luego selle bien. Refrigere hasta por 3 días. Vuelva a calentar antes de servir.

Datos nutricionales por porción:

Energía (calorías)	136	kcal
Proteína	2	g
Grasa	12	g
Carbohidratos Netos	8	g
Fibra	1	g
Azúcares, total	2	g

Capítulo 6 - Meal Prep: recetas de los bocadillos al estilo keto

Receta #1: Rebanadas de aguacate, con queso crema y pepino

Número de porciones: 5

Tamaño de la porción: 2 piezas

Tiempo de preparación: 15 minutos

Ingredientes:

- 1 pepino grande, cortado en rodajas de 10 1/3 de pulgada
- 1 aguacate grande
- 8 oz. de queso crema
- 4 oz. de salmón rojo en escamas
- 1 cda. de jugo de limón recién exprimido
- ½ Cucharada de cebolla verde picada
- Salsa tabasco, al gusto

Instrucciones:

1. Cortar el aguacate a la mitad y luego desechar el hueso. Saque la carne y colóquela en un tazón grande.
2. Triturar el aguacate y el queso crema hasta que todo esté suave. Agregue el jugo de limón y mezcle bien, luego sazone al gusto con salsa tabasco.
3. Disponer las rodajas de pepino en una fuente y luego dividir la mezcla de queso crema con aguacate entre ellas.
4. Dividir el salmón rojo en hojuelas entre los trozos y adornar con cebolla verde. Sirva inmediatamente o guarde en un recipiente hermético y refrigere hasta por 3 días.

Datos nutricionales por porción:

Energía (calorías)	277	kcal
Proteína	19	g
Grasa	22	g
Carbohidratos Netos	5	g

Meal Prep

Fibra	3	g
Azúcares, total	2	g

Receta #2: Pastelitos de jamón y queso

Número de porciones: 9
Tamaño de la porción: 2 bocanadas

Tiempo de preparación: 15 minutos
Tiempo de cocción: 30 minutos

Ingredientes:

- 6 huevos grandes
- 10 oz. de jamón serrano cortado en trozos
- 1 ½ tazas de queso cheddar rallado
- ¾ taza de mayonesa
- 1/3 taza de harina de coco
- 1/3 taza de aceite de coco
- 1/3 cucharadita de polvo de hornear
- 1/3 cucharadita de bicarbonato de sodio
- Aceite antiadherente en aerosol, según sea necesario

Instrucciones:

Meal Prep

1. Ajuste el horno a 350 grados F para precalentarlo. Cubra ligeramente la bandeja para hornear con borde con rocío de cocina antiadherente y déjela a un lado.
2. En un recipiente, mezcle los huevos, el aceite de coco y la mayonesa. Deje a un lado.
3. En un recipiente aparte, combine el bicarbonato de sodio, el polvo de hornear y la harina de coco. Añadir los ingredientes secos a los húmedos y mezclar bien hasta que estén suaves.
4. Doble el jamón y el queso cheddar en la mezcla y reserve.
5. Divida la masa en 18 trozos pequeños y colóquelos en la bandeja para hornear preparada.
6. Hornee por 30 minutos, o hasta que los bocadillos estén dorados y fraguados.
7. Coloque los bocadillos en una rejilla de enfriamiento y deje que se enfríen un poco.
8. Almacene en un recipiente hermético hasta 5 días. Si lo desea, caliente en el microondas antes de servir.

Datos nutricionales por porción:

Energía (calorías)	249	kcal
Proteína	15	g
Grasa	20	g
Carbohidratos Netos	3	g
Fibra	0.3	g
Azúcares, total	0.5	g

Receta #3: Bocadillos de nuez y parmesano

Número de porciones: 10

Tamaño de la porción: 4 galletas saladas

Tiempo de preparación: 10 minutos

Tiempo de cocción: 8 minutos

Ingredientes:

- 6 oz. de queso parmesano recién rallado
- 2 cucharadas de nueces picadas
- 1 cucharada de mantequilla sin sal
- ½ Cdas. de tomillo fresco picado

Instrucciones:

1. Ajuste el horno a 350 grados F para precalentarlo. Forre dos hojas de hornear grandes con borde con papel para hornear y colóquelas a un lado.

2. En un procesador de alimentos, combine el queso parmesano y la mantequilla. Mezcle hasta que se mezclen.
3. Verter las nueces y pulsar hasta que se trituren y mezclar con la mezcla.
4. Con una cuchara de sopa, coloque la mezcla en las bandejas para hornear preparadas y, a continuación, cubra con tomillo picado.
5. Hornee durante unos 8 minutos o hasta que se doren.
6. Transfiera a una rejilla de enfriamiento y deje reposar por unos 30 minutos. Luego, trasládelo a un recipiente hermético y guárdelo hasta por 5 días.

Datos nutricionales por porción:

Energía (calorías)	80	kcal
Proteína	7	g
Grasa	3	g
Carbohidratos Netos	7	g
Fibra	0.1	g

Meal Prep

Azúcares, total   0.2   g

Mark Evans

Receta #4: Jalapeños rellenos de queso crema y tocino

Número de porciones: 4
Tamaño de la porción: 2

Tiempo de preparación: 15 minutos
Tiempo de cocción: 10 minutos

Ingredientes:

- 12 pimientos jalapeños grandes
- 16 tiras de tocino
- 6 oz. de queso crema completo
- 2 cdtas. de ajo en polvo
- 1 cdta. de chile en polvo

Instrucciones:

1. Ajuste el horno a 350 grados F para precalentarlo. Coloque una rejilla de alambre sobre una bandeja para asar y déjela a un lado.
2. Ponte un par de guantes de plástico.

3. Hacer un corte longitudinal a lo largo de los pimientos jalapeños, teniendo cuidado de no cortarlos. Raspar y desechar las semillas. Deje a un lado.
4. Coloque una sartén antiadherente o de hierro fundido a fuego alto y caliente. Una vez caliente, agregue la mitad de las tiras de tocino y cocine hasta que estén crujientes. Transfiera a un plato forrado con toallas de papel y deje escurrir.
5. Pique las tiras de tocino cocido y colóquelas en un tazón grande. Añadir el queso crema y mezclar bien para combinar.
6. Sazone la mezcla de queso crema y tocino con ajo y chile en polvo, luego mezcle bien.
7. Rellene los pimientos jalapeños con la mezcla de queso crema, luego envuelva cada pimiento con una tira de tocino crudo.
8. Coloque los chiles jalapeños rellenos en la rejilla de alambre, luego ase por 10 minutos o hasta que estén tiernos.
9. Transfiera los chiles jalapeños rellenos a una rejilla de enfriamiento y deje que se

enfríen un poco. Transfiera a un recipiente hermético y refrigere hasta 5 días.

Datos nutricionales por porción:

Energía (calorías)	209	kcal
Proteína	9	g
Grasa	13	g
Carbohidratos Netos	19	g
Fibra	3	g
Azúcares, total	10	g

Receta #5: Guacamole bajo en carbohidratos

Número de porciones: 6

Tamaño de la porción: 1/6 de la receta

Tiempo de preparación: 15 minutos

Ingredientes:

- 3 aguacates maduros grandes
- 1 cebolla roja grande, pelada y cortada en cubitos
- 4 cucharadas de jugo de limón recién exprimido
- Sal marina, al gusto
- Pimienta negra recién molida, al gusto
- Pimienta de Cayena, al gusto

Instrucciones:

1. Cortar los aguacates a la mitad y luego desechar el hueso.

2. Saque la pulpa del aguacate de 3 mitades de aguacate y colóquela en un recipiente de vidrio grande. Triturar bien con un tenedor o un pasapurés.
3. Agregue 2 cucharadas de jugo de limón al puré de aguacate y mezcle bien.
4. Corte el aguacate restante en dados y luego colóquelo en un tazón separado. Agregue el jugo de limón restante y revuelva suavemente para cubrirlo.
5. Mezclar el aguacate cortado en dados con el puré de aguacate, luego agregar la cebolla picada. Mezcle de nuevo para combinar.
6. Sazone el guacamole con sal, pimienta y pimienta de cayena y luego mezcle suavemente para combinar.
7. Almacene en un recipiente hermético hasta por 3 días. Sirva con zanahorias, apio y pepinos.

Datos nutricionales por porción:

Energía (calorías)	172	kcal
Proteína	2	g

Meal Prep

Grasa	15	g
Carbohidratos Netos	11	g
Fibra	7	g
Azúcares, total	2	g

Receta #6: Salmón ahumado adobado con eneldo

Número de porciones: 8

Tamaño de la porción: 2 cucharadas

Tiempo de preparación: 20 minutos

Ingredientes:

- 4 oz. de salmón ahumado
- 4 oz. de queso crema completo, a temperatura ambiente
- 2 ½ Cdas. mayonesa
- 2 cucharadas de eneldo fresco picado
- Sal marina, al gusto
- Pimienta negra recién molida, al gusto

Instrucciones:

1. Vierta el salmón ahumado, la mayonesa y el queso crema en un procesador de alimentos. Pulsar hasta que se combinen.

2. Vierta la mezcla en un recipiente hermético y mezcle con el eneldo fresco. Sazone al gusto con sal y pimienta.
3. Cubra y refrigere por hasta 3 días. Se sirve mejor con palitos de zanahoria, apio y pepino.

Datos nutricionales por porción:

Energía (calorías)	70	kcal
Proteína	5	g
Grasa	5	g
Carbohidratos Netos	2	g
Fibra	0.4	g
Azúcares, total	0.8	g

Receta #7: Bombas de grasa de coco y limón

Número de porciones: 8

Tamaño de la porción: 1 bomba de grasa

Tiempo de preparación: 1 hora y 15 minutos

Ingredientes:

- 1 oz. de queso crema
- 2 cucharadas de mantequilla
- 2 cucharadas de aceite de coco
- 2 cucharadas de crema espesa
- 1 cda. de jugo de limón recién exprimido
- ½ cdta. de extracto de lima
- ½ cucharadita de stevia líquida

Instrucciones:

1. Mezcle el queso crema, el aceite de coco y la mantequilla en un recipiente para microondas. Cocine en el microondas

durante 10 segundos tres veces hasta que se derrita.
2. Revuelva la mezcla y luego agregue la crema espesa. Mezcle bien, luego agregue el extracto de limón y la stevia líquida. Revuelva bien.
3. Verter la mezcla en una cubitera con 8 compartimentos. Congele durante al menos 1 hora. Guárdelo en el congelador hasta por 2 semanas. Servir frío.

Datos nutricionales por porción:

Energía (calorías)	81	kcal
Proteína	0.4	g
Grasa	9	g
Carbohidratos Netos	0.4	g
Fibra	0.4	g
Azúcares, total	0.4	g

Receta #8: Bombas de grasa de limón con coco

Número de porciones: 8

Tamaño de la porción: 1 bomba de grasa

Tiempo de preparación: 1 hora y 15 minutos

Ingredientes:

- 1 oz. de queso crema
- 2 cucharadas de mantequilla
- 2 cucharadas de aceite de coco
- 2 cucharadas de crema espesa
- 1 cda. de jugo de limón recién exprimido
- ½ cdta. de extracto de limón
- ½ cucharadita de stevia líquida

Instrucciones:

4. Mezcle el queso crema, el aceite de coco y la mantequilla en un recipiente para microondas. Cocine en el microondas

durante 10 segundos tres veces hasta que se derrita.
5. Revuelva la mezcla y luego agregue la crema espesa. Mezcle bien, luego agregue el jugo de limón, el extracto de limón y la stevia líquida. Revuelva bien.
6. Verter la mezcla en una cubitera con 8 compartimentos. Congele durante al menos 1 hora. Guárdelo en el congelador hasta por 2 semanas. Servir frío.

Datos nutricionales por porción:

Energía (calorías)	81	kcal
Proteína	0.4	g
Grasa	9	g
Carbohidratos Netos	0.4	g
Fibra	0.4	g
Azúcares, total	0.4	g

Mark Evans

Receta #9: Bombas de grasa de maní con chocolate

Número de porciones: 8

Tamaño de la porción: 1 bomba de grasa

Tiempo de preparación: 1 hora y 15 minutos

Ingredientes:

- 2 cucharadas de mantequilla
- 2 cucharadas de aceite de coco
- 2 cucharadas de crema espesa
- 1 cucharada de mantequilla de maní suave
- 1 cucharada de cacao en polvo sin azúcar
- ½ cdta. de extracto puro de vainilla
- ½ cucharadita de stevia líquida

Instrucciones:

1. Mezcle la mantequilla de maní, el aceite de coco y la mantequilla en un recipiente para microondas. Cocine en el microondas

durante 10 segundos tres veces hasta que se derrita.
2. Revuelva la mezcla y luego agregue la crema espesa. Mezcle bien, luego agregue el cacao en polvo, el extracto de vainilla y la stevia líquida. Revuelva bien.
3. Verter la mezcla en una cubitera con 8 compartimentos. Congele durante al menos 1 hora. Guárdelo en el congelador hasta por 2 semanas. Servir frío.

Datos nutricionales por porción:

Energía (calorías)	73	kcal
Proteína	0.6	g
Grasa	8	g
Carbohidratos Netos	1	g
Fibra	0.5	g
Azúcares, total	0.5	g

Mark Evans

Receta #10: Tapenade de aceitunas, almendra y hierbas

Número de porciones: 8
Tamaño de la porción: 2 cucharadas

Tiempo de preparación: 15 minutos

Ingredientes:

- 2 dientes de ajo, pelados y picados
- 1 taza de aceitunas verdes sin hueso
- ¼ taza de almendras en rodajas
- ¼ taza de hojas de albahaca fresca
- ¼ taza de aceite de oliva extra virgen
- ½ Cdas. de jugo de limón recién exprimido
- ½ cucharadita de alcaparras escurridas
- Sal marina, al gusto

Instrucciones:

1. Mezcle las almendras, el ajo, las aceitunas, las alcaparras y el jugo de limón en un

procesador de alimentos. Pulso hasta que se desmenuce.
2. Agregue las hojas de albahaca en el procesador de alimentos y vuelva a pulsar hasta que se mezclen.
3. Vierta el aceite de oliva y añada un chorrito de sal. Vuelva a pulsar hasta que la mezcla se convierta en una pasta con trozos.
4. Vierta la mezcla en un recipiente hermético y refrigere hasta 5 días. Se sirve mejor con pollo a la parrilla o con tiras de pescado blanco a la sartén.

Datos nutricionales por porción:

Energía (calorías)	28	kcal
Proteína	0.1	g
Grasa	3	g
Carbohidratos Netos	0.36	g
Fibra	0.1	g
Azúcares, total	0.04	g

Mark Evans

Receta #11: Tocino Recubierto de Chocolate

Número de porciones: 6

Tamaño de la porción: 2 piezas

Tiempo de preparación: 15 minutos

Tiempo de cocción: 20 minutos

Ingredientes:

- 12 rebanadas de tocino
- 4 ½ Cdas. de chocolate negro sin azúcar
- 2 ¼ Cucharadas de aceite de coco
- 1 ½ cdta. de stevia líquida

Instrucciones:

1. Ajuste el horno a 425 grados F para precalentarlo.
2. Pinchar el tocino en brochetas de hierro, extendiendo el tocino.

3. Colóquelo en una bandeja para hornear. Hornee durante 15 minutos o hasta que estén crujientes.
4. Transfiera el tocino a una rejilla de enfriamiento y deje que se enfríe por completo.
5. Derrita el aceite de coco en una cacerola a fuego lento, luego agregue el chocolate hasta que se derrita. Agregue la stevia y revuelva bien para combinar.
6. Colocar el tocino en una hoja de papel de pergamino y cubrir con la mezcla de chocolate por ambos lados.
7. Deje que el chocolate se seque sobre el tocino, luego transfiera el tocino a un recipiente hermético y refrigere por hasta 5 días.

Datos nutricionales por porción:

Energía (calorías)	258	kcal
Proteína	7	g
Grasa	26	g

Meal Prep

Carbohidratos Netos	0.5	g
Fibra	0	g
Azúcares, total	0.4	g

Mark Evans

Receta #12: Hongos portobello rellenos de queso ricotta y espinacas

Número de porciones: 6
Tamaño de la porción: 1 hongo relleno

Tiempo de preparación: 15 minutos
Tiempo de cocción: 45 minutos

Ingredientes:

- 6 tapas grandes de champiñones Portobello
- 3 dientes de ajo, pelados y picados
- 2 huevos pequeños
- 1 ¼ tazas de queso ricotta integral
- ¾ taza de espinacas al vapor, escurridas
- ¾ taza de queso parmesano recién rallado
- ½ taza de aceite de oliva virgen extra
- Sal marina, al gusto
- Pimienta negra recién molida, al gusto

Instrucciones:

1. Ajuste el horno a 425 grados F para precalentarlo. Forre una bandeja para hornear con papel de aluminio y déjela a un lado.
2. Enjuague y limpie bien las tapas de los champiñones Portobello hasta que se haya eliminado toda la suciedad. Deseche las branquias y los tallos y, a continuación, limpie las tapas de los champiñones con toallas de papel.
3. Sazone el interior de las tapas de los champiñones con sal y pimienta, luego colóquelas en la bandeja para hornear.
4. Hornear los champiñones durante 15 minutos.
5. Mientras tanto, combine el resto de los ingredientes en un recipiente grande hasta que estén completamente combinados. Deje a un lado.
6. Retire las tapas de los champiñones del horno y luego divida el relleno entre ellos. Regrese al horno y hornee por 25 minutos adicionales, o hasta que los hongos estén dorados y tiernos.

7. Colocar las tapas de los champiñones rellenos en una rejilla de enfriamiento y dejar enfriar ligeramente. Servir caliente.
8. Almacene en un contenedor hermético y refrigere hasta por 3 días. Vuelva a calentar en el horno de microondas antes de servir.

Datos nutricionales por porción:

Energía (calorías)	239	kcal
Proteína	16	g
Grasa	17	g
Carbohidratos Netos	12	g
Fibra	3	g
Azúcares, total	3	g

Receta #13: Mantequilla de canela

Número de porciones: 8
Tamaño de la porción: 1 cucharada

Tiempo de preparación:
Tiempo de cocción:

Ingredientes:

- ½ taza de mantequilla, a temperatura ambiente
- 5 gotas de stevia líquida
- ½ cdta. de extracto puro de vainilla
- ½ cdta. de canela molida
- 1/8 cucharadita de sal marina fina

Instrucciones:

1. Mezcle la mantequilla, la vainilla, la canela, la sal y la stevia en un recipiente grande. Mezcle bien hasta que esté suave.
2. Forre una bandeja para hornear con papel encerado y luego extienda la mezcla de

mantequilla de canela por encima. Enrolle el papel para sellar la mezcla de mantequilla y luego selle los extremos.

3. Refrigere la mantequilla durante 1 hora antes de usarla. Guárdelo en el refrigerador hasta por 2 semanas. Se sirve mejor sobre el pan de la dieta cetogénica o con palitos de apio.

Datos nutricionales por porción:

Energía (calorías)	103	kcal
Proteína	0.1	g
Grasa	12	g
Carbohidratos Netos	0.1	g
Fibra	0	g
Azúcares, total	0.1	g

Receta #14: Ensalada de berenjenas tostadas

Número de porciones: 8

Tamaño de la porción: 2 cucharadas

Tiempo de preparación: 15 minutos

Tiempo de cocción: 1 hora

Ingredientes:

- 1 lb. de berenjena
- 2 ½ Cdas. de pimientos rojos asados picados
- 2 cucharadas de aceite de oliva extra virgen
- 2 cucharadas de piñones
- 1 cda. de jugo de limón recién exprimido
- ½ Cucharadas de queso en fetas desmenuzado
- Sal marina, al gusto
- Pimienta negra recién molida, al gusto
- Ajo en polvo, al gusto

Instrucciones:

1. Ajuste el horno a 400 grados F para precalentarlo. Cortar la berenjena a lo largo por la mitad y colocarla en una bandeja de hornear forrada con polvo de hornear.
2. Asar la berenjena durante 1 hora o hasta que esté tierna. Luego, colóquelo en una rejilla de enfriamiento y déjelo enfriar ligeramente.
3. Una vez enfriada, retire la carne de la berenjena de la piel y colóquela en un procesador de alimentos. Añadir el aceite de oliva, los pimientos rojos, el zumo de limón y los piñones. Luego, mezcle hasta que esté suave.
4. Transfiera la mezcla de berenjenas a un tazón y sazone al gusto con sal, pimienta y ajo en polvo.
5. Espolvoree el queso feta desmenuzado sobre la mezcla de berenjena y mezcle bien. Transfiera a un recipiente hermético y refrigere hasta 5 días. Sirva con zanahorias, apio y pepinos.

Datos nutricionales por porción:

Energía (calorías)	54	kcal
Proteína	2	g
Grasa	4	g
Carbohidratos Netos	4	g
Fibra	2	g
Azúcares, total	2.5	g

Receta #15: Rebanadas de cauli con cheddar

Número de porciones: 6

Tamaño de la porción: 6 piezas

Tiempo de preparación: 15 minutos

Tiempo de cocción: 1 hora y 30 minutos

Ingredientes:

- 1 coliflor grande, rota en pequeños ramilletes
- 4 claras de huevo grandes
- ½ taza de queso cheddar fuerte recién rallado
- 2 cucharadas de crema espesa
- 2 cucharadas de mantequilla
- Sal marina, al gusto
- Pimienta negra recién molida, al gusto
- Pimentón, al gusto
- Aceite antiadherente en aerosol

Meal Prep

Instrucciones:

1. Colocar los ramilletes de coliflor en una olla y añadir suficiente agua para cubrir la base de la olla. Sazone con sal al gusto.
2. Poner la olla de coliflor a fuego alto y dejar que hierva a fuego lento. Cocine hasta que la coliflor esté tierna.
3. Escurrir los ramilletes de coliflor y luego transferirlos a un procesador de alimentos. Agregue la crema espesa y la mantequilla y luego mezcle hasta que la mezcla se convierta en una mezcla espesa.
4. Sazonar la mezcla con sal y pimienta y reservar para que se enfríe.
5. Mientras tanto, bata las claras de huevo hasta que se formen picos suaves. A continuación, incorporar la mezcla de coliflor y mezclar hasta obtener una mezcla homogénea.
6. Agregue el queso cheddar a la mezcla y dóblelo bien hasta que esté bien mezclado.
7. Cubra el tazón y refrigere la mezcla durante 30 minutos o hasta que se enfríe.
8. Ajuste el horno a 375 grados F para precalentarlo. Cubra ligeramente dos

bandejas de hornear con borde con rocío de cocina antiadherente y colóquelas a un lado.

9. Sacar la mezcla de coliflor de la nevera. Con una cuchara de sopa, coloque la mezcla en las bandejas para hornear preparadas en bolitas del tamaño de un bocado. Asegúrese de que haya aproximadamente 1 pulgada de espacio entre ellos.
10. Hornee durante 30 minutos o hasta que las rebanadas estén doradas y crujientes. Luego, colóquelo en una rejilla de enfriamiento y espolvoréelo con pimentón.
11. Almacene en un contenedor hermético y refrigere hasta 5 días. Si lo desea, recaliente en un horno tostador antes de servir.

Datos nutricionales por porción:

Energía (calorías)	142	kcal
Proteína	8	g
Grasa	10	g

Meal Prep

Carbohidratos Netos	7	g
Fibra	3	g
Azúcares, total	3	g

Receta #16: Palitos de tocino con mozzarella

Número de porciones: 4

Tamaño de la porción: 2 palitos de mozzarella

Tiempo de preparación: 10 minutos

Tiempo de cocción: 5 minutos

Ingredientes:

- 8 tiras de tocino
- 4 piezas de queso mozzarella en tiras
- Aceite de girasol, según sea necesario

Instrucciones:

1. Coloque una sartén para servicio pesado sobre fuego medio y agregue aproximadamente 2 pulgadas de aceite. Caliente a 350 grados F.
2. Mientras tanto, corte por la mitad cada tira de queso para hacer 8 pedazos.

3. Envuelva cada pedazo de las tiras de queso con una tira de tocino y asegúrelo con un palillo de dientes de madera.
4. Cocine los palitos de mozzarella en el aceite precalentado durante 2 minutos, o hasta que el tocino esté dorado y bien cocido.
5. Colocar los palitos en un plato forrado con toallas de papel y dejar escurrir. Transfiera a un recipiente hermético y guarde en el refrigerador hasta por 3 días. Vuelva a calentar antes de servir.

Datos nutricionales por porción:

Energía (calorías)	278	kcal
Proteína	32	g
Grasa	15	g
Carbohidratos Netos	3	g
Fibra	2	g
Azúcares, total	2	g

Capítulo 7 - Meal Prep. recetas de batidos al estilo keto

Receta #1: Batido cremoso de té verde matcha

Número de porciones: 2

Tamaño de la porción: ½ de la receta

Tiempo de preparación: 10 minutos

Ingredientes:

- 1 taza de hielo picado
- 1 taza de leche de almendras sin azúcar
- ¼ taza de crema espesa
- 3 cucharadas de polvo de proteína de vainilla sin azúcar
- 1 cda. de aceite de coco
- 1 ½ cdta. de polvo de té verde

Meal Prep

Instrucciones:

1. Mezclar todos los ingredientes dentro de una licuadora para alto contenido en polvo.
2. Mezcle a fuego lento hasta que todos los ingredientes estén combinados. Luego, aumente a alta velocidad y mezcle hasta obtener una mezcla suave.
3. Agregue unas gotas de stevia líquida al gusto y divida en tres porciones iguales. Es mejor servirlo de inmediato.
4. Guarde las porciones adicionales en frascos herméticos de albañilería y refrigere hasta por 3 días.

Datos nutricionales por porción:

Energía (calorías)	442	kcal
Proteína	17	g
Grasa	41	g
Carbohidratos Netos	7	g
Fibra	3	g

| Azúcares, total | 4 | g |

Receta #2: Batido de chocolate con mantequilla de maní

Número de porciones: 3

Tamaño de la porción: 12 oz.

Tiempo de preparación: 5 minutos

Ingredientes:

- 84 gramos de proteína de suero en polvo
- 3 tazas de agua
- ¾ taza de leche de coco sin azúcar, llena de grasa
- 3 cucharadas y ¾ cucharadita de aceite de coco
- 3 cucharadas de mantequilla de maní orgánica sin azúcar
- 3 cucharadas de cacao en polvo
- Stevia líquida, al gusto

Instrucciones:

5. Mezclar todos los ingredientes dentro de una licuadora de alto contenido en polvo.
6. Mezcle a fuego lento hasta que todos los ingredientes estén combinados. Luego, aumente a alta velocidad y mezcle hasta obtener una mezcla suave.
7. Agregue unas gotas de stevia líquida al gusto y divida en tres porciones iguales. Es mejor servirlo de inmediato.
8. Guarde las porciones adicionales en frascos herméticos y refrigere hasta por 3 días.

Datos nutricionales por porción:

Energía (calorías)	371	kcal
Proteína	22	g
Grasa	25	g
Carbohidratos Netos	18	g
Fibra	2	g
Azúcares, total	4	g

Meal Prep

Receta #3: Batido de almendras con futos del bosque

Número de porciones: 2

Tamaño de la porción: ½ de la receta

Tiempo de preparación: 10 minutos

Ingredientes:

- 1 taza de hielo picado
- ½ taza de leche de almendras sin azúcar
- ½ taza de frambuesas congeladas
- ½ taza de arándanos congelados
- ½ taza de moras o fresas
- 1 cda. de aceite de coco
- ½ cdta. de extracto puro de vainilla

Instrucciones:

1. Mezclar todos los ingredientes dentro de una licuadora de alto contenido en polvo.
2. Mezcle a fuego lento hasta que todos los ingredientes estén combinados. Luego,

aumente a alta velocidad y mezcle hasta obtener una mezcla suave.
3. Agregue unas gotas de stevia líquida al gusto y divida en tres porciones iguales. Es mejor servirlo de inmediato.
4. Guarde las porciones adicionales en frascos herméticos y refrigere hasta por 3 días.

Datos nutricionales por porción:

Energía (calorías)	252	kcal
Proteína	3	g
Grasa	22	g
Carbohidratos Netos	16	g
Fibra	6	g
Azúcares, total	10	g

Meal Prep

Receta #4: Batido de fresas y crema

Número de porciones: 2

Tamaño de la porción: ½ de la receta

Tiempo de preparación: 10 minutos

Ingredientes:

- 1 taza de hielo picado
- ½ taza de fresas cortadas y descascaradas
- ½ taza de crema espesa
- ¼ taza de leche de almendras sin azúcar
- 1 cda. de aceite de coco
- 1 cdta. de extracto puro de vainilla

Instrucciones:

1. Mezclar todos los ingredientes dentro de una licuadora de alto contenido en polvo.
2. Mezcle a fuego lento hasta que todos los ingredientes estén combinados. Luego, aumente a alta velocidad y mezcle hasta obtener una mezcla suave.

3. Agregue unas gotas de stevia líquida al gusto y divida en tres porciones iguales. Es mejor servirlo de inmediato.
4. Guarde las porciones adicionales en frascos herméticos de albañilería y refrigere hasta por 3 días.

Datos nutricionales por porción:

Energía (calorías)	249	kcal
Proteína	2	g
Grasa	25	g
Carbohidratos Netos	6	g
Fibra	1	g
Azúcares, total	4	g

Receta #5: Batido de Especias con Calabaza

Número de porciones: 2

Tamaño de la porción: 6 oz.

Tiempo de preparación: 10 minutos

Ingredientes:

- 2 cucharadas de polvo de proteína de suero de vainilla
- 1 taza de cubitos de hielo
- 1 taza de puré de calabaza
- 1 taza de leche de almendras sin azúcar y vainilla
- 1 taza de agua helada
- 1 cdta. de especias para pastel de calabaza
- ¼ cdta. de canela molida
- 2 oz. de queso crema
- Stevia líquida, al gusto

Instrucciones:

1. Mezclar todos los ingredientes dentro de una licuadora para alto contenido en polvo.
2. Mezcle a fuego lento hasta que todos los ingredientes estén combinados. Luego, aumente a alta velocidad y mezcle hasta obtener una mezcla suave.
3. Agregue unas gotas de stevia líquida al gusto y divida en tres porciones iguales. Es mejor servirlo de inmediato.
4. Guarde las porciones adicionales en frascos herméticos de albañilería y refrigere hasta por 3 días.

Datos nutricionales por porción:

Energía (calorías)	268	kcal
Proteína	29	g
Grasa	10.5	g
Carbohidratos Netos	9.5	g
Fibra	3	g
Azúcares, total	6	g

Receta #6: Batido verde intenso

Número de porciones: 3

Tamaño de la porción: 6 oz.

Tiempo de preparación: 10 minutos

Ingredientes:

- ½ Aguacate, deshuesado y pelado
- 7 oz. de leche de coco entera sin azúcar
- 1 taza de col rizada picada
- ½ taza de pepino picado
- 2 cucharadas de jugo de limón recién exprimido
- 2 cucharadas de jugo de naranja recién exprimido
- Agua, según sea necesario

Instrucciones:

1. Mezclar todos los ingredientes dentro de una licuadora para alto contenido en polvo.

2. Mezcle a fuego lento hasta que todos los ingredientes estén combinados. Luego, aumente a alta velocidad y mezcle hasta obtener una mezcla suave.
3. Agregue unas gotas de stevia líquida al gusto y divida en tres porciones iguales. Es mejor servirlo de inmediato.
4. Guarde las porciones adicionales en frascos herméticos y refrigere hasta por 3 días.

Datos nutricionales por porción:

Energía (calorías)	218	kcal
Proteína	3	g
Grasa	21	g
Carbohidratos Netos	9	g
Fibra	4	g
Azúcares, total	4	g

Meal Prep

Receta #7: Batido de semillas de chía y verduras crujientes

Número de porciones: 2

Tamaño de la porción: ½ de la receta

Tiempo de preparación: 10 minutos

Ingredientes:

- 1 ½ tazas de hielo picado
- 1 taza de hojas de col rizada envasadas, enjuagadas perfectamente
- ½ taza de agua
- ½ taza de hojas de acelga envasadas, enjuagadas perfectamente
- ½ taza de hojas de espinaca envasadas, enjuagadas perfectamente
- 2 cucharadas de semillas de chía
- 2 cucharadas de aceite de coco

Instrucciones:

1. Mezclar todos los ingredientes dentro de una licuadora para alto contenido en polvo.
2. Mezcle a fuego lento hasta que todos los ingredientes estén combinados. Luego, aumente a alta velocidad y mezcle hasta obtener una mezcla suave.
3. Agregue unas gotas de stevia líquida al gusto y divida en tres porciones iguales. Es mejor servirlo de inmediato.
4. Guarde las porciones adicionales en frascos herméticos de albañilería y refrigere hasta por 3 días.

Datos nutricionales por porción:

Energía (calorías)	293	kcal
Proteína	8	g
Grasa	23	g
Carbohidratos Netos	15	g
Fibra	11	g
Azúcares, total	3	g

Meal Prep

Receta #8: Batido de café con mantequilla

Número de porciones: 2

Tamaño de la porción: ½ de la receta

Tiempo de preparación: 10 minutos

Ingredientes:

- 2 tazas de hielo picado
- ½ taza de café helado
- ½ taza de crema espesa
- 3 cucharadas de aceite de coco

Instrucciones:

1. Mezclar todos los ingredientes dentro de una licuadora para alto contenido en polvo.
2. Mezcle a fuego lento hasta que todos los ingredientes estén combinados. Luego, aumente a alta velocidad y mezcle hasta obtener una mezcla suave.

3. Agregue unas gotas de stevia líquida al gusto y divida en tres porciones iguales. Es mejor servirlo de inmediato.
4. Guarde las porciones adicionales en frascos herméticos y refrigere hasta por 3 días.

Datos nutricionales por porción:

Energía (calorías)	486	kcal
Proteína	1	g
Grasa	55	g
Carbohidratos Netos	0.9	g
Fibra	0	g
Azúcares, total	0.9	g

Receta #9: Batido de vainilla

Número de porciones: 2

Tamaño de la porción: ½ de la receta

Tiempo de preparación: 10 minutos

Ingredientes:

- 1 taza de hielo picado
- 1 taza de leche de almendras sin azúcar
- ¼ taza de crema espesa
- 3 cucharadas de polvo de proteína de suero de vainilla sin azúcar
- 1 cda. de aceite de coco
- 1 cdta. de extracto puro de vainilla

Instrucciones:

1. Mezclar todos los ingredientes dentro de una licuadora para alto contenido en polvo.
2. Mezcle a fuego lento hasta que todos los ingredientes estén combinados. Luego,

aumente a alta velocidad y mezcle hasta obtener una mezcla suave.
3. Agregue unas gotas de stevia líquida al gusto y divida en tres porciones iguales. Es mejor servirlo de inmediato.
4. Guarde las porciones adicionales en frascos herméticos y refrigere hasta por 3 días.

Datos nutricionales por porción:

Energía (calorías)	448	kcal
Proteína	17	g
Grasa	41	g
Carbohidratos Netos	8	g
Fibra	2	g
Azúcares, total	5	g

Receta #10: Batido de aguacate y coco

Número de porciones: 2

Tamaño de la porción: ½ de la receta

Tiempo de preparación: 10 minutos

Ingredientes:

- 1 aguacate, pelado y sin hueso
- 1 taza de hielo picado
- 1 taza de leche de coco entera sin azúcar
- 2 cucharadas de jugo de limón recién exprimido
- 1 cda. de aceite de coco
- 1 cda. de copos de coco sin azúcar

Instrucciones:

1. Mezclar todos los ingredientes dentro de una licuadora para alto contenido en polvo.
2. Mezcle a fuego lento hasta que todos los ingredientes estén combinados. Luego,

aumente a alta velocidad y mezcle hasta obtener una mezcla suave.
3. Agregue unas gotas de stevia líquida al gusto y divida en tres porciones iguales. Es mejor servirlo de inmediato.
4. Guarde las porciones adicionales en frascos herméticos y refrigere hasta por 3 días.

Datos nutricionales por porción:

Energía (calorías)	512	kcal
Proteína	4	g
Grasa	51	g
Carbohidratos Netos	13	g
Fibra	7	g
Azúcares, total	6	g

Capítulo 8 - Meal Prep: recetas de postres al estilo keto

Receta #1: Brownies de chocolate al estilo keto

Número de porciones: 12

Tamaño de la porción: 1 cuadrado grande o 2 pequeños de brownies

Tiempo de preparación: 15 minutos

Tiempo de cocción: 20 minutos

Ingredientes:

- 1 cucharada de polvo de proteína de suero de leche con sabor a chocolate
- 3 huevos medianos, batidos
- 6 oz. de chocolate negro al 80 por ciento
- ¾ taza de cacao en polvo sin azúcar
- ¾ taza de harina de almendras

- 1/3 taza de harina de coco
- 1/3 taza de crema espesa
- 1/3 taza de agua fría
- 3 cucharadas de mantequilla sin sal
- ¾ Cucharada de polvo de hornear
- 1 ½ cdta. de extracto puro de vainilla

Instrucciones:

1. Ajuste el horno a 325 grados F para precalentarlo. Forre un molde cuadrado de 9 x 9 pulgadas con papel para hornear y colóquelo a un lado.
2. En un tazón grande, mezcle las harinas de almendra y de coco, el polvo de proteína de suero y el polvo de hornear. Deje a un lado.
3. En un recipiente de vidrio, combine la crema espesa, el chocolate, el agua, el cacao en polvo y la mantequilla. Coloque sobre una olla de agua hirviendo y revuelva hasta que se derrita y se mezcle uniformemente.
4. Poner a un lado el bol de chocolate y dejar enfriar, luego agregar el extracto puro de

vainilla y mezclar bien. Agregue los huevos y mezcle bien de nuevo para combinar.

5. Mezcle gradualmente la mezcla de harina en la mezcla de chocolate hasta que esté suave. Luego, transfiera a la bandeja de hornear.

6. Hornee los brownies durante 20 minutos, o hasta que estén cocidos, pero que sean todavía pegajosos y masticables.

7. Transfiera la sartén a una rejilla de enfriamiento y deje reposar durante unos 15 minutos. Luego, corte en 12 cuadrados grandes o 24 cuadrados pequeños.

8. Guarda los brownies en un recipiente hermético y refrigera hasta 5 días. Si lo desea, caliente en el horno antes de servir.

Datos nutricionales por porción:

Energía (calorías)	156	kcal
Proteína	4	g
Grasa	12	g
Carbohidratos Netos	12	g

Fibra	3	g
Azúcares, total	4	g

Receta #2: Macarrones de coco sin hornear

Número de porciones: 18

Tamaño de la porción: 2 macarrones

Tiempo de preparación: 2 horas y 20 minutos

Ingredientes:

- 1 ½ tazas de coco rallado sin azúcar
- ¾ taza de leche de coco sin azúcar, llena de grasa
- 2 ¼ tsp. stevia

Instrucciones:

1. Mezclar todos los ingredientes en un bol hasta que estén bien mezclados.
2. Empaque la mezcla y luego cúbrala con un envoltorio de plástico. Refrigere durante al menos 2 horas.

3. Una vez enfriado, coloque la mezcla de coco en bolitas pequeñas y colóquelas en un recipiente hermético grande.
4. Cúbralo y manténgalo refrigerado hasta por 3 días o congélelo hasta por 3 semanas. Servir frío.

Datos nutricionales por porción:

Energía (calorías)	47	kcal
Proteína	0.4	g
Grasa	5	g
Carbohidratos Netos	2	g
Fibra	0.8	g
Azúcares, total	0.7	g

Receta #3: Frambuesas con queso crema

Número de porciones: 8

Tamaño de la porción: 2 piezas

Tiempo de preparación: 20 minutos

Ingredientes:

- ¼ taza de queso crema
- ¼ taza de frambuesas frescas picadas
- 4 cucharadas de aceite de coco
- 4 cucharadas de crema espesa
- 4 cucharadas de mantequilla
- 1 cdta. de extracto puro de vainilla

Instrucciones:

1. Mezcle el queso crema, el aceite de coco y la mantequilla en un tazón. Cocine en el microondas tres veces durante 10 segundos por intervalo, o hasta que la mezcla se derrita.

2. Retire con cuidado el recipiente del horno de microondas y revuelva bien. Luego, agregue la crema espesa y agregue las frambuesas picadas.
3. Revuelva el extracto de vainilla en la mezcla y mezcle bien hasta que se mezclen uniformemente.
4. Vierta la mezcla en una bandeja de cubitos de hielo con 16 secciones. Colóquelo en el congelador y congélelo durante al menos 2 horas. Servir frío. Guárdelo en el refrigerador hasta por 2 semanas para obtener el mejor sabor.

Datos nutricionales por porción:

Energía (calorías)	166	kcal
Proteína	0.8	g
Grasa	17	g
Carbohidratos Netos	2	g
Fibra	0.3	g
Azúcares, total	2	g

Receta #4: Bocadillos de mantequilla de maní con coco

Número de porciones: 12

Tamaño de la porción: 2 piezas

Tiempo de preparación: 15 minutos

Tiempo de cocción: 12 minutos

Ingredientes:

- 2 huevos medianos
- ¾ taza de mantequilla de maní sin azúcar
- ¾ taza de mantequilla, a temperatura ambiente
- 4 ½ tsp. stevia
- 3 cdtas. de harina de coco

Instrucciones:

1. Ajuste el horno a 350 grados F para precalentarlo. Forre una bandeja para hornear con papel para hornear y déjela a un lado.

2. En un recipiente grande para una batidora eléctrica, combine la mantequilla de maní, la mantequilla, los huevos, la stevia y la harina de coco. Mezcle bien hasta que quede suave con una batidora eléctrica.

3. Usando una cuchara de sopa, saque 24 trozos de la masa para galletas y colóquelos en la bandeja para hornear preparada.

4. Hornee durante 12 minutos o hasta que estén crujientes y doradas.

5. Coloque la bandeja para hornear de las galletas en una rejilla de enfriamiento y deje que se enfríen por completo. Luego, trasládelo a un contenedor hermético y refrigérelo hasta por 5 días, o guárdelo por hasta 3 semanas.

Datos nutricionales por porción:

Energía (calorías)	159	kcal
Proteína	2	g
Grasa	15	g

Meal Prep

Carbohidratos Netos	4	g
Fibra	0.3	g
Azúcares, total	3	g

Mark Evans

Receta #5: Dulces de cacao con queso crema

Número de porciones: 6

Tamaño de la porción: 4 piezas pequeñas

Tiempo de preparación: 15 minutos

Tiempo de cocción: 10 minutos

Ingredientes:

- 2 huevos medianos
- 4 oz. de mantequilla derretida
- 2 oz. de queso crema completo
- 1 oz. de harina de coco
- ½ cdta. de bicarbonato de sodio
- ½ cucharadita de polvo de hornear
- ½ tsp. goma xantana
- ½ cdta. de extracto puro de vainilla
- ¼ tsp. stevia líquida

Instrucciones:

Meal Prep

1. Ajuste el horno a 350 grados F para precalentarlo. Forre una bandeja para hornear con papel para hornear y déjela a un lado.
2. En un recipiente grande, bata el queso crema y la mantequilla hasta que estén suaves. Deje a un lado.
3. En otro recipiente, combine la harina de coco, el bicarbonato de sodio, el polvo de hornear y la goma xantana. Deje a un lado.
4. En un recipiente pequeño, combine el extracto de vainilla, la stevia líquida y el huevo, luego bata bien hasta que quede suave.
5. Mezcle gradualmente la mezcla de harina con la mezcla de queso crema hasta que esté bien mezclada. Añadir la mezcla de huevo y mezclar bien.
6. Usando una cucharada, coloque la mezcla en la bandeja para hornear, asegurándose de que haya por lo menos 1 pulgada entre cada pieza.
7. Hornee por 10 minutos, o hasta que las piezas estén doradas alrededor de los bordes.

8. Transfiera a una rejilla de enfriamiento y deje reposar durante unos 10 minutos. Transfiera a un recipiente hermético y refrigere hasta 5 días.

Datos nutricionales por porción:

Energía (calorías)	178	kcal
Proteína	3	g
Grasa	18	g
Carbohidratos Netos	1	g
Fibra	0.1	g
Azúcares, total	0.8	g

Receta #6: Pudín cremoso de vainilla

Número de porciones: 4

Tamaño de la porción: ¼ taza

Tiempo de preparación: 5 minutos

Tiempo de cocción: 12 minutos

Ingredientes:

- 2 yemas de huevo grandes
- 1 taza de de crema espesa al 36 por ciento
- 1 ½ tsp. stevia
- 1 cdta. de harina de arrurruz
- ½ cdta. de extracto puro de vainilla
- Sal marina fina, al gusto

Instrucciones:

1. Combine las yemas de huevo en una cacerola resistente y luego bata la crema espesa, la stevia, la harina de arrurruz y el extracto de vainilla pura. Mezcle bien.

2. Agregue un poco de sal y bata para combinar. Luego, coloque sobre fuego medio y revuelva hasta que la mezcla comience a hervir.
3. Reducir a fuego lento y continuar removiendo durante unos 10 minutos.
4. Después de 10 minutos, vierta el pudín a través de una malla en 4 recipientes a prueba de calor.
5. Coloque una hoja de plástico directamente sobre el pudín y refrigere hasta 3 días. Servir frío.

Datos nutricionales por porción:

Energía (calorías)	135	kcal
Proteína	2	g
Grasa	13	g
Carbohidratos Netos	2	g
Fibra	0	g
Azúcares, total	0.9	g

Meal Prep

Receta #7: Pastelitos de amapola con limón

Número de porciones: 12

Tamaño de la porción: 1 magdalena

Tiempo de preparación: 15 minutos

Tiempo de cocción: 30 minutos

Ingredientes:

- 7 huevos grandes
- 10 oz. de yogur griego natural sin sabor lleno de grasa
- 4 oz. de mantequilla derretida
- 3 oz. de harina de coco
- 2 ½ Cdas. de jugo de limón recién exprimido
- 2 cucharadas de semillas de amapola
- 2 ½ cdta. de cáscara de limón recién rallada
- 2 cdtas. de polvo de hornear
- 1 cdta. de stevia líquida

Instrucciones:

1. Ajuste el horno a 375 grados F para precalentarlo. Ponga en línea 12 latas de magdalenas con forros de papel y déjelas a un lado.
2. En un tazón grande, bata los huevos, el yogur y la stevia líquida. Luego, agregar la mantequilla derretida y mezclar bien. Deje a un lado.
3. Mezclar la harina de coco con el polvo de hornear en un recipiente aparte y luego mezclar con la mezcla de huevo. Revuelva hasta que esté suave.
4. Revuelva el jugo de limón y la ralladura en la masa, seguido de las semillas de amapola. Revuelva bien hasta que se mezclen uniformemente.
5. Vierta la masa en las latas de magdalenas preparadas, luego hornee por hasta 30 minutos o hasta que las magdalenas estén listas. Para verificar la preparación, inserte un palillo de dientes en el centro de una magdalena; si sale hecho, están listos.
6. Transfiera las magdalenas a una rejilla de enfriamiento y deje que se enfríen un poco.

Transfiera a un recipiente hermético y refrigere hasta 5 días. Vuelva a calentar en el horno antes de servir, si lo desea.

Datos nutricionales por porción:

Energía (calorías)	214	kcal
Proteína	10	g
Grasa	16	g
Carbohidratos Netos	10	g
Fibra	3	g
Azúcares, total	2	g

Conclusión

Ya que ha llegado al final de este libro, asumo que ha probado muchas, si no todas, las recetas de este libro y probablemente se esté preguntando qué viene después. Por supuesto, puede hacer modificaciones a estas recetas para darle variedad a sus papilas gustativas y, al mismo tiempo, aprovechar al máximo los ingredientes de cada temporada.

También puede seguir añadiendo más recetas a esta colección para que nunca se le acaben las ideas sobre qué preparar en los próximos 30 días. Pero con más de 70 recetas para elegir, ¡probablemente nunca lo hará!

Gracias!

Antes de que se vaya, sólo quería darle las gracias por comprar mi libro.

Podría haber escogido entre docenas de otros libros sobre el mismo tema, pero se arriesgó y eligió éste.

Así que, un ENORME agradecimiento a usted por conseguir este libro y por leer todo el contenido hasta el final.

Ahora quería pedirle un pequeño favor. **¿Podría tomarse unos minutos para dejar una reseña para este libro?**

Esta retroalimentación me ayudará a continuar escribiendo el tipo de libros que le ayudarán a obtener los resultados que desea. Así que si lo disfrutó, por favor, hágamelo saber!

www.ingramcontent.com/pod-product-compliance
Lightning Source LLC
Chambersburg PA
CBHW050314120526
44592CB00014B/1908